이재명

지지자가 쓴

제20대
대선 백서

이재명 지지자가 쓴 제20대 대선 **백서**

초판 1쇄 인쇄 2022년 4월 20일
초판 1쇄 발행 2022년 4월 30일

지은이 이동호
펴낸이 이재연

펴낸곳 다른생각
주 소 경기도 고양시 덕양구 향기5로 55 102동 1106호
전 화 010-3693-0979
팩 스 (02) 3159-0979
이메일 darunbooks@naver.com
등 록 제2020-000002호(2002년 11월 1일)

ISBN 978-89-92486-34-7 03340

값 13,000원

이재명 지지자가 쓴 제20대 대선 백서

이동호 지음

다른생각

|머리말| 이 글을 쓰는 **이유**

내가 이 어쭙잖은 글을 쓰는 이유는 세 가지이다.

하나는 우리가 다시 일어나야 하고, 그러기 위해서는 뭐라도 해야 할 것 같아서이다. 내가 할 수 있는 일이 뭔가를 생각해보았지만, 딱히 떠오르는 것이 없었다. 그래서 일단 지난 시간들을 회상하면서 기록해보기로 했다.

둘째, 나는 윤석열 대통령이 탄생해서는 절대 안 된다고 판단했다. 그가 싫기도 했지만, 더 중요한 이유는 대한민국과 한민족을 위해서이다. 그러나 그는 나의 바람과는 달리 대통령에 당선되었다. 그렇다면 그를 좀 더 잘 알아야 할 것 같았다. 그래서 이 글에는 그에 대해 쓴 분량이 가장 많다.

셋째, 이재명이라는 지도자를 잃는 것은 우리 모두에게 큰 손실이라고 판단하여, 그가 다시 훗날 어떤 역할이라도 하기를 바라는 마음이 있어서이다.

먼저 이 책의 제목이 "백서"로 정해진 경위에 대해 해명해야 할 것 같다. 나는 "백서"를 쓸 능력도, 자격도 없다. 그러나 생각을 정리하면서 글을 쓰다보니 분량이 늘어나면서, 도중에 책으로 출간해보자는 욕심이 생겼고, 또 다 쓰고 나서 보니 "백서"와 유사한 형식으로 구성되어 있어, 거창한 제목을 붙이게 되었다.

3월 10일 새벽, 나는 유튜브로 제20대 대선 개표방송을 시청하다가, 승패가 갈리는 순간 모든 채널을 껐다. 그리고 두어 시간 동안 멍하니 의자에 기대어 지난 몇 달을 돌이켜보았다. 내일 또 먹고살기 위해 일을 나가려면 한숨 자야 하는데, 도무지 잠을 이룰 수가 없었다. 다시 컴퓨터를 켜고 유튜브의 트로트 음악 채널을 켰다. 노랫소리도 귀에 들어오지 않았다. '5년 동안 어떻게 매일 윤석열 뉴스를 접하며 살아야 하나?' '이명박, 박근혜 시절보다 더 견딜 수 없을 것 같은데, 내가 그 고통을 이겨낼 수 있을까?' 밤을 꼬박 뜬눈으로 보내고도, 저녁에 일을 나갈 때까지 거의 잠을 이루지 못했다. 식사도 점심 무렵에 먹는 둥 마는 둥 한 끼 때운 게 고작이다.

내가 이 글을 쓰게 된 직접적인 계기를 이야기하려면, 우선 내가 하는 일에 대해 약간은 밝혀야 할 것 같다. 나는 낮에는 돈벌이가 안 되는 본업에 종사하고, 밤에는 17년째 운전을 하면서 생계를 유지하는 평범한 시민이다. 아니, 평범하지조차 못한 사람이다. 내가 지지했던 이재명 후보는 낙선하고, 절대로 대통령이 되어서는 안 된다고 생각했던 윤석열 후보가 당선된 선거 결과는 나를 정신적으로나 육체적으로 완전히 탈진 상태로 만들었다. 며칠 쉬면서 몸과 마음을 추스르고 싶었지만, 나는 일주일에 하루 이상 쉴 처지가 못 된다. 어쩔 수 없이 3월 10일에도 밤에 일을 나갈 수밖에 없었다.

대선이 끝나고 이틀째 되는 날 밤, 강남에서 손님을 모시고 일산으로 가는 도중에 차 안에서 한 모자가 나누는 대화를 엿들었다. 밤이라서 정확히 분간할 수는 없었지만 차량 뒤쪽 좌석에는 30대 후반 내지 40대 초반으로 보이는 엄마와 초등학교 3학년쯤 되어 보이는 아들이 타고 있었다. 둘이서 이런저런 대화를 나누던 중 아들이 말했다. "할머니는 원래 윤석열을 좋아했는데, 고모들이 할머니한테, 윤석열이 약속을 안 지키고 배신을 해서 이재명 찍어야 한다고 했어. 그래서 할머니도 이재명을 찍었대. 그런데 왜 윤석열이 당선된 거야?" 엄마가 말했다. "좋은 약속은 지켜야 하지만, 나쁜 약속은 안 지켜도 돼. 그건 배신이 아니야. 이재명이 나쁜 일을 해서 떨어진 거야." 정확하지는 않지만, 두 사람의 대략적인 대화 내용은 이러했다. 나는 이들 모자의 대화를 들으면서 숨을 쉴 수가 없었다. 그리고 운전을 하는 내내 이런저런 생각을 하느라 강남에서 일산까지 어떻게 갔는지 기억이 나지 않았다. 손님이 원하는 곳에 차를 세워주고 1킬로미터 정도 되는 버스정류장으로 걸어오는데, 발걸음과 생각이 따로 놀았다. 아마도 엄마가 말한 "나쁜 일"이라는 게 대장동 사건을 말하는 것 같았다.

다음날, 일어나서 뭔가를 해야겠는데 몸이 말을 듣지 않았다. 휴대폰을 켜보니 오후 2시쯤 되었다. 겨우 일어나 밥을 한 숟가락 뜨고 다시 책상 앞에 앉아 컴퓨터를 켰다. 보나 마나 포털의 각 언론사 메인 뉴스에는 윤석열 당선인의 환하게 웃는 얼굴로 도배되어 있을 것 같아, 재빨리 유튜브 채널의 주현미 음악을 틀었다.

한참을 멍하니 있다가, 책을 펼쳤지만 금세 덮고 말았다. 여전히 아무것도 할 수가 없었다. '그래, 아무래도 당분간은 어떤 일도 손에 잡히지 않을 것 같다. 그래도 뭔가를 해야 하지 않을까? 그런데 내가 할 수 있는 게 아무것도 없잖아! 그렇다면 지난 1년여 동안 가슴 졸이며 지켜봤던 대선 과정을 복기해보자. 그렇게 며칠 시간을 보내다 보면 일상으로 돌아갈 수 있겠지!' 그런 생각으로 며칠 동안 다른 일을 하지 못하고 지난 몇 개월의 과정을 생각나는 대로 기록도 하고, 정확한 사실을 확인하기 위해 인터넷 검색도 하다 보니 기록한 양이 제법 많아졌다. 이왕 시작했으니, 생각나는 대로 기억을 더듬으면서 나름대로 체계를 갖춘 글을 만들어보기로 했다.

글을 쓰다가 메일이라도 확인하려고 포털을 열면 여지없이 윤석열 당선자의 얼굴이 보였다. 분노가 치밀었다. 그러나 이미 패배한 대선인데 어쩌겠는가? 윤석열을 찍은 사람들에게 욕이라도 하고 싶었다. 어떻게 저런 사람을 대통령으로 뽑을 수 있단 말인가? 온갖 비리 덩어리인 윤석열 일가를 향해 고함이라도 지르고 싶었다. 그 비리를 알면서도 덮어주고 눈감아준 검찰이 미웠고, 그런 비리를 보도하지 않은 언론이 저주스러웠다. 김대중 전 대통령이 그랬다. "담벼락에 대고 욕이라도 해라." 그렇다. 내가 이렇게 짧은 필력으로 글을 쓰는 것은 바로 담벼락에 대고 지르는 그 분노의 고함이자 참회록이기도 하다.

나는 박정희 유신 독재도 경험했고, 전두환·노태우의 폭압 정치도 치열하게 경험했기 때문에 민주주의의 소중함을 잘 알고 있다. 지금의 50~60대가 대부분 그렇겠지만, 독재에 대한 트라우마가 있어, 선거에 민감한 편이다. 그리고 남북이 평화롭게 공존하기를 바라는 마음이 간절하다. 언론 지형 때문에 잘해도 욕먹고, 못해도 욕을 먹는 것이 민주당 정부의 숙명 같은 것이어서, 문재인 정부가 욕을 많이 먹고는 있지만, 적어도 문재인 정부 하에서 민주주의와 남북 관계가 후퇴하지는 않았다. 그런데 만약 정권이 교체되면 이 모든 것이 문재인 정부 이전으로 퇴보할 게 분명하기 때문에, 나는 이번 대선에서 민주당이 반드시 정권을 재창출하기를 간절히 바랐다. 나는 바로 이런 간절함을 가진 소박한 시민에 불과하다.

이 글은 바로 그렇게 20여 일 동안 손을 놀릴 수 없어 자판을 두드린 결과물이다. 나는 정치평론가도 아니고, 정치학자도 아닌, 그냥 평범한 소시민이다. 전문 작가들처럼 논리적 일관성이나 정합성은 많이 부족할 것이다. 다만 허술한 내용일지라도 최대한 팩트만은 확인하면서 쓰려고 했지만, 놓친 것이 있을 수 있다. 그 때문에 피해를 입는 사람이 있다면 죄송하게 생각한다. 미리 양해를 구한다. 이를 감안하고 읽어주면 고맙겠다.

2022년 3월

01

어디서부터 **다시 시작할** 것인가?

    윤석열 대통령의 탄생은 한국 민주주의와 남북 평화 공존을 위해 불행한 사태다. 모든 한국 현대사의 비극이 그렇듯이, 윤석열 대통령의 탄생이라는 비극의 뿌리를 거슬러 올라가면 분단이 있고, 더 거슬러 올라가면 일제 침탈이 있다. 〈조선일보〉라는 언론 괴물도 그 뿌리가 동일하다. 이번 대선에서 이재명이 패배한 것은 바로 그 언론 때문이고, 윤석열이 대통령이 될 수 있었던 것도 그 언론 때문이다. 그동안은 그들이 전가의 보도로 사용했던 "빨갱이"라는 말 한마디면 모든 민주주의의 가치들을 삼켜버리고 대중을 속일 수 있었다. 그러나 민주주의를 위한 투쟁 과정에서 민중이 그 허상을 많이 깨부수는 바람에 이제는 더 이상 "빨갱이"만 가지고는 그 깨어 있는 시민들을 속일 수 없게 되었다. 그러자 그 괴물들은 코로나 바이러스가 변이를 거듭하듯이, 새로운 공격 방식을 개발하기 시작했다. 이번 대선에서 그 새로운 공격 수단이 바로 "대장동"이었다. 사실과 허구를 적절히 배합하여 대중을 적절한 만큼만 속이는 전법이다. 대중이 〈조선일보〉를 의심하기 시작했다는 것을 그들 자신도 알고 있다. "빨갱이" 하나로 수십 년간 속아 넘어가던 대중이 아님을 그들도 알고 있다. 그래서 이번 패배가 너무나 아프다. 언론 개혁을 못한 문재인 정부가 원망스럽기도 하다.

    향후 5년은 민주 "진영"에게는 물론이고, 민족 전체적으로도 엄청난 시련의 세월이 될 것임은 불을 보듯 훤하다. 민주주의는 크게 후퇴할 것이며, 검찰의 반동은 문재인 정부 이전보다 훨씬 강고한 권한을 되찾으려고 시도할 것이다. 남북 관계는 최악의 상태로 치달아, 분단 리스크가 한국 경제를 크게 망가뜨릴 것이다. 조중동을 비롯한 부패한 언론 권력도 자신들이 만들어 낸 대통령과 거래를 통해 다시는 어떤 정치 권력으로부터도 통제받지 않을 장치를 마련하려고 시도할 것이다. 서민의 삶은 피폐해질 것이고, 재벌과 기득권의 이익은 더욱 두텁게 보장될 것이다. 한마디로 이들 "악의 축"이 기득권을 강화하면서 이 나라 민주주의를 파괴할 것이다.

이렇듯 암담한 세월을 눈앞에 두고, 전열을 가다듬어 민주주의의 퇴보를 최대한 막아내고, 검찰의 반동을 저지하고, 언론의 광기를 억제해야 할 막중한 책무가 민주 진영 앞에 놓여 있다. 그러나 당분간 민주 진영은 진로에 대해 극심한 혼란과 혼선을 빚을 것이다. 누구를 구심점으로 뭉쳐야 하는가? 어떻게 대처해 나가야 하는가? 민주당과의 관계를 어떻게 설정해야 할 것인가? 생각하면 암담하다.

앞으로 가장 이른 시간 내에 민주 진영이 중심을 잡고 나아가기 위해서는 우리가 이번 대선에서 왜 패배했는지에 대해 깊이 성찰해볼 필요가 있다. 원인을 알아야 처방을 내놓을 수 있기 때문이다. 이제부터 "깨어 있는 시민의 조직된 힘"이 절대적으로 필요한 시기이다. 제21대 국회의 지난 2년을 되돌아보면, 172석을 가진 제21대 국회의 민주당은 123석을 보유했던 제20대 국회에 비해 조금도 나아진 게 없었다. 대선에서 패배한 것은 어찌 보면 민주당이 초래한 당연한 결과였다.

이번 대선은 참으로 기묘한 선거였다고 생각한다. 양 진영 모두 서로가 패배하는 게 이상할 정도였다. 국민의힘 입장에서는 정권교체 여론이 50%를 훨씬 뛰어넘는 상황에서 선거에 패배한다는 게 이상했고, 민주당 입장에서는 저토록 자질도 준비도 부족하고 정직하지도 않고, 이른바 '본부장 비리'로 도덕적이지도 않은 후보에게 패한다는 게 이상한 상황이었다. 구도는 국민의힘에 유리했고, 인물은 민주당에 유리한 선거였다. 그러나 민주당 정권의 재창출을 기대했던 사람들의 입장에서 보자면 매우 쓰라린 패배이지만, 패배의 가능성이 훨씬 높은 선거였다. 왜냐하면, 국민의힘에게는 조중동이라는 '괴벨스들'이 있었기 때문이다. 조중동은 이재명에 대해 사력을 다해 "악마" 이미지를 덧씌우려 시도했고, 결국 그들의 수작은 성공했다. 구도가 불리한 상황에서 인물 경쟁력마저 상쇄되어버렸기 때문에 힘든 싸움이 될 수밖에 없었다. 나는 단연코 이번 선거에서 윤석열이 승리할 수 있었던 것은 조중동과 수구 기득권 언론 덕분이라고 확신한다.

이런 비정상적인 구도에 대해서는 뒤에 논의하기로 하고, 우선 문재인 정부의 5년을 되돌아봐야 한다. 대선 승패의 기준은 당연히 전 정권에 대한 심판의 성격을 띤다. 객관적으로 보자면, 인물 경쟁력이 나쁘지 않은 상황에서, 유권자들은 문재인 정권이 잘했다고 판단하면 민주당 정권을 연장해 줄 것이고, 못했다고 판단하면 정권을 교체하는 쪽에 투표할 것이다.

그렇다면 문재인 정부는 어느 쪽이었을까? 나름대로 "공정하게" 평가한다면, 정권을 교체하는 것이 당연하다고 느낄 정도의 커다란 잘못은 없었다고 생각한다. 국민의 절반 가까이가 그렇게 긍정적으로 평가하고 있다. 그는 임기 말인 지금도 40%대 중후반의 지지율을 꾸준히 유지하고 있는 것이 이를 말해준다. 레임덕이 없는 것이다. 레임덕은 대체로 임기 후반에, 측근이나 가족들의 권력형 비리가 드러나기 시작하면서 시작되는 현상이다. 레임덕이 없다는 것은 그러한 측근이나 가족의 비리가 없었다는 것을 말해준다. 그것만으로도 과거 정권들과 비교하면 대단히 큰 업적이라고 할 수 있다. 그렇다면 문재인 정권은 성공했는가? 실패하지 않았다고 성공한 것은 아니다.

흔히들 문재인 정권을 평가하면서, 부동산 정책 실패로 인해 아파트값(특히 수도권)이 폭등한 것이 가장 큰 실정이라고 말한다. 그것이 실패한 정책이라고 할 수는 있지만, 그것은 현상만 보고 그 속은 보지 못하는 오류일 수도 있다. 그 이유는 뒤에서 다시 언급하기로 하겠다. 반면 2년이 넘는 팬데믹 위기도 세계 어느 나라보다 잘 대처해 왔고, 경제지표도 세계 어느 나라보다도 좋은 상태다. 남북 관계도 그런대로 안정되게 이끌어 왔으며, 외교 무대에서도 대한민국의 위상을 높였다고 할 수 있다. 문화는 번창하여 한류가 전 세계를 강타하는 커다란 사건들이 이어졌다. 이런 성과들에도 불구하고, 결과적으로 문재인 정부는 정권 재창출에 실패했고, 정권 재창출의 실패는 문재인 정부의 실패라고 하지 않을 수 없다. 이유야 어디에 있든 문재인 정부는 결과적으로 실패했다.

문재인 대통령에게는 미안한 말이지만, 문재인 정부의 실패를 인정하면서 다시 시작하자.

02

문재인 정부에 대한 **성찰**

　정권 재창출의 성패를 가르는 가장 큰 요인 중 하나는, 현 정부에 대한 유권자들의 평가일 것이다. 이유야 어디에 있든, 코로나-19로 인한 팬데믹 이후 문재인 정부에 대한 정권교체 여론이 줄곧 50%를 상회했다. 불행하고 억울한 일이다.

　문재인 정부의 성패를 가름하는 기준은, 두 가지로 요약할 수 있을 것이다. 첫째는 국민들의 삶이 좋아졌느냐이다. 이는 어떤 선거에서든 상수로 작용하는 요소이다. 둘째는 문재인 정부는 촛불 혁명이 탄생시킨 정부이니, 촛불 혁명이 요구한 것들을 실현했느냐가 문재인 정부의 성패를 판단하는 중요한 기준이다. 그렇다면 촛불 혁명이 요구한 것은 무엇인가? 바로 적폐를 청산하고, 개혁(어떤 네티즌이 "개혁"이라는 용어 대신 "정상화"라는 용어를 사용하자고 했는데, 전적으로 동의한다. 그러나 이 글에서는 이미 익숙해진 용어인 "개혁"이라고 표현하겠다)을 철저히 하라는 것이었다고 본다. 개혁 과제의 중심적 항목은 크게 검찰 개혁과 언론 개혁, 재벌 개혁, 그리고 사법 개혁으로 집약된다고 할 수 있다. 개혁과 적폐 청산은 동전의 양면이다. 그렇다면 문재인 정부는 무엇을 어떻게 개혁했는가? 무엇이 성공했고, 무엇이 실패했는가? 그것들이 이번 선거에는 어떻게 작용했는가? 정치인도 아니고, 정치평론가도 아닌 나 같은 사람이 이에 대해 정확한 평가를 할 수는 없지만, 몇 가지 개혁 정책을 비롯한 주요 정책들을 평범한 시민의 눈으로 살펴보자.

(1) 문재인의 리더십

　민주주의 국가가 한 사람의 최고 지도자에 의해 좌지우지되지는 않는다 하더라도, 우리나라처럼 이른바 "제왕적" 대통령 체제하에서는 대통령의 성품과 지도력이 나라의 정책 운용 방식에 엄청난 영향을 미치는 것은 두말할 필요가 없다.

　그렇다면 문재인은 어떤 사람인가? 자연인 문재인은 한마디로 공자님에 버금가는 사람이다. "젠틀 재인"이라는 별명에서 알 수 있듯이, 그는 인격적으로는 흠잡을 데가 별로 없는 사람이다. 정치인으로서도 그는 시민과 공감할 줄 아는 감수성을 가졌고, 대통령이 되어서도 허리 숙여 인사할 줄 아는 겸손한 사람이다. 그러나 대통령의 자질에서 인품은 부차적인 요소일 뿐이다. 국민은 대통령에게 훌륭한 정치를 원하는 것이 첫째이지, 훌륭한 인품을 요구하는 게 아니다.

　문재인의 리더십은 태평성대에 어울리는 스타일이지, 지난 5년과 같은 격변의 시대나 위기의 시대에 어울리는 리더십이 아니라고 나는 생각한다. 개혁은 전광석화처럼 진행해야 한다. 미적대다가는 반드시 반동을 초래하게 되어, 오히려 개혁이 후퇴하게 된다. 촛불 혁명이 무엇인가? 최순실 사태로 인해 불거진 부패 기득권 세력의 적폐를 일소하지 않으면 나라의 장래가 없다고 판단한 민주 시민들이 들고일어난 사건이 바로 촛불 혁명이다. 그리고 문재인은 바로 그 촛불 시민들의 지지에 힘입어 대통령이 되었다. 그렇다면 그는 당연히 취임하자마자 곧바로 강력하고 신속한 개혁 드라이브를 걸었어야 한다. 그러나 그는 이른바 "고구마" 스타일이어서, 개혁 앞에서 과감하지 못했던 게 아닌가 싶다.

　그의 몸에는 아직도 법률가의 피가 정치가의 피보다 더 많이 흐르는 것 같다. 따라서 대통령으로서의 막강한 권한을 가장 보수적인 범위 내에서만 행사하려고 했다. 이명박과 박근혜의 권력 남용 트라우마도 있었던 것 같다. 하지만 대통령은, 특히 격변 시대의 대통령은 그래서는 안 된다. 자신의 손에 피를 묻힐 각오를 해야 한다. 그는 너무 점잖게 개혁을 하려고 했다. 만일 취임 직후에 과감하게 개혁을 밀어붙였다면, 상당한 성과를 거둘 수 있었다고 생각한다. 시민들 가슴에 촛불의 열기가 살아 있었기 때문에 개혁에 저항하는 세력에 대해 적극적인 방어막이 되어 줄 자세가 되어 있었다. 뿐만 아니라 지지율이 10%도 되지 않는 야당은 탄핵과 대선 패배의 충격에서 헤어나지 못한 채 허둥대고 있었기에 조직적인 저항을 할 여력도 없었다. 또 미세하기는 하지만 의석수에서도 민주당이 원내 제1당을 차지하고 있어, 과반수 의석 확보를 위해 국민의당 내 호남 출신 의원들과 연대할 여지도 충분히 있었다고 본다. 그러나 "야합"이라는 비난을 감내할 용기도 없었다. 이렇듯 이것저것 다 따지다 보니, 아무것도 할 수 없는 상태가 지속되면서 개혁과 적폐 청산에 대한 국민들의 피로감은 가중되었고, 국민의힘은 전열을 재정비할 시간을 벌었고, 정권의 속성을 파악한 조중동과 종편 등 수구 언론들은 다시 거세게 반격을 가하기 시작했다. 민주개혁 세력의 가장 큰 적은 야당이 아니라 수구 언론이라는 것을 깨닫지 못한 것일까? 너무나 아쉬운 대목이다.

　이렇게 문재인 대통령의 캐릭터는 격변의 시대에 맞지 않았다. 역사를 가정해서 말하는 것은 무의미하지만, 문재인 대신 이재명이 제19대 대통령이 되었다면 상황은 달라질 수도 있었을 거라고 생각한다. 문재인은 지키는 리더십이지 쟁취하는 리더십이 아니라는 생각이다. 문재인 시대는 이재명 같은 공격적인 리더십이 필요한 개혁의 시대였다.

나는 솔직히 문재인 정부의 정책을 꿰뚫어 볼 안목과 능력이 없다. 따라서 아래에서 몇 가지 문제점들을 소박하게 짚어보고자 한다.

(2) 인사 실패

문재인 대통령의 개혁이 실패할 수밖에 없었던 이유에 대해, 나는 문재인 대통령 자신이 개혁에 대한 철학과 비전이 분명치 않았기 때문이라고 생각한다. 그게 바로 인사를 통해 나타났다고 본다.

제1기 내각을 보면, 국무총리는 보수적인 이낙연이었지만, 김상곤 교육부, 조명균 통일부, 김부겸 행안부, 정현백 여성가족부, 김영춘 해양수산부, 홍종학 중소벤처기업부 장관 등 비교적 개혁적인 성향의 인물들이 많이 포진했다. 그러나 2기 내각, 3기 내각으로 갈수록 개혁적인 색채는 점차 약화된다. 문 대통령의 내각 인사에서 가장 이해하기 어려운 것은, 임기 중반에 임명한 홍남기 경제부총리를 3년이 넘도록 교체하지 않고, 자신과 임기를 함께하도록 데리고 있는 점이다. 홍남기 부총리는 코로나-19로 인해 어려워진 민생과 경제를 살리기 위한 민주당의 추가경정예산 요구를, "국가 채무 비율"을 이유로 사사건건 거부했다. 이는 문재인 대통령의 암묵적 동의 없이는 불가능한 일이다. 결국 여당인 민주당에 대한 그의 이러한 몽니가 이번 대선 패배의 요인 중 하나임을 감안하면, 문재인 대통령의 인사를 이해하기 어렵다. 혹시 자신에게 '국가 부채 비율을 높인 대통령'이라는 오명이 씌워지는 것을 원치 않아서였을까?

청와대 수석비서관들을 보더라도, 처음에는 임종석 초대 비서실장, 조국 민정수석, 김상조 정책실장, 홍장표 경제수석 등 개혁적인 인물들이 많이 포진했으나, 후반기로 갈수록 개혁 색채는 옅어진다. 여기에서 김수현 사회정책수석을 기용한 것은 납득하기 어렵다. 그는 노무현 정부에서 청와대 사회정책비서관을 지냈고, 노무현 정부의 부동산 정책 실패의 원흉으로 지목받는 인물이었기 때문이다. 노영민 2대 비서실장과 김조원 민정수석은 개혁과는 거리가 먼 사람들이며, 현재의 유영민 비서실장은 기업인 출신이고, 나머지 수석비서관들은 어떤 경력을 가졌는지 알 수 없을 만큼 이름도 들어보지 못한 사람들이다. 이렇게 대통령 주변에 관료 출신이나 기업인 출신들이 포진해 있기 때문에, 문재인 대통령이 임기 후반에 개혁에 대해 소극적 행보로 일관할 수밖에 없었다고 생각한다.

문재인 정부의 인사는 단적으로 윤석열 검찰총장과 최재형 감사원장을 임명한 것만으로도 이미 철저히 실패했다고 평가할 수밖에 없다. 그들 두 사람이 문재인 정부를 실패하게 만들었다고 해도 전혀 과언이 아니다. 정권의 가장 중요한 사정기관장 두 자리를 정권에 대해 가장 적대적인 인물들에게 내준 것이다. 문재인 정부 후반기에는 이들 두 사람은 콜라보를 이루어 정권을 공격했다. 결국 두 사람은 모두 임기를 채우지 않고 사퇴한 뒤 함께 야당의 대통령 후보 경선에 참여했다. 한 정권의 핵심 사정기관의 장 두 사람이 동시에 자신을 임명해준 정권을 배신하고, 야당 대선 후보 경선에 참여하는 일은 이전에도 없었고, 아마 앞으로도 결코 없을 매우 해괴한 사건이다. 인사 검증을 제대로 못한 문재인 대통령의 책임이라고 할 수밖에 없다.

그리고 부동산 정책 라인의 인사와 방송통신위원장 등 언론 관련 부처 인사 실패도 정권 재창출에 실패한 중요한 원인이었다. 방송통신위원장은 허가취소 사유가 충분함에도 불구하고 채널A와 MBN에 대해 조건부로 면죄부를 주고 말았다.

가장 개혁이 필요한 부처에 가장 무능하고 가장 부적합한 인물들을 임명하는 오류를 범하고 말았다.

인사 실패는 검증 과정에서부터 많은 문제를 드러냈다. 장관급 인사들의 청문회에서 각종 부적절한 문제들이 속속 드러나면서, 야당은 계속 청문보고서 채택에 제동을 걸었고, 언론은 '잘 걸렸다'는 식으로 게거품을 물고 비판을 해댔다. 야당의 악의적인 발목잡기도 있었지만, 청문회 과정에서 드러난 인사들의 도덕성 수준은 전 정권 인사들과 크게 차이가 없었다. 결국 청문보고서 채택 없이 임명한 장관급 인사가 30명에 육박할 정도였다. 어느 정권에서든 인사청문회 제도의 문제점에 대해 논란이 있었지만, 고위 공직에 임명된 많은 사람들이 부동산 투기 의혹 등에 연루되어 검증을 통과하기가 어려워지자 문재인 정부에서는 〈고위 공직 후보자 7대 인사 검증 기준〉을 마련했다. 1) 병역기피, 2) 세금 탈루, 3) 불법적 재산증식, 4) 위장전입(2005년 7월 이후), 5) 연구 부정행위(2007년 이후), 6) 음주운전(최근 10년 이내 2회 이상), 7) 성 관련 범죄 등이다. 이러한 기준에만 저촉되지 않으면 일단 인사 검증은 통과하도록 했음에도, 청문회 과정에서 새로운 의혹들이 드러나 곤욕을 치르는 경우가 많았다. 이 문제에 대해서는 여야가 머리를 맞대고 대책을 강구해야 할 것으로 판단된다.

(3) '조국 사태'와 검찰 개혁의 실패

특수부 검사 윤석열의 기만적인 '검찰 개혁 약속'을 믿고, 그를 검찰의 요직에 기용하면서 검찰 개혁의 실패는 이미 예고되어 있었다. 수많은 국민이 그를 정의로운 검사로 여기고 있었고, 문 대통령도 그렇게 생각하고 있었던 것 같다. 나중에 깨달은 사실이지만, 일반 국민은 그의 빼어난 '연기력'에 속아 넘어갈 수 있지만, 최소한 대통령 자신과 민정 라인이 검찰 조직의 생리와 검찰 내에서 특수통 검사의 위험성에 대해 인지하지 못하고 있었다는 것은 치명적인 오류였다.

들리는 소문에 의하면, 조국 민정수석 등 민정 라인에서는 윤석열 검찰총장의 임명을 반대했으나, 대통령을 팔면서 호가호위하던 세력의 강력한 천거에 의해 그가 낙점되었다고 한다. 만약 그게 사실이라면 대통령의 책임이 가볍지 않다. 당시 법무부 장관은 학자 출신의 박상기였고, 그가 어떤 의견을 표명했는지는 정확히 알 수 없고, 다른 참모들의 의견이야 어떠했든 간에, 문재인 대통령은 변호사 출신으로서 검찰의 생리를 어느 정도는 알고 있었을 것이다. 뿐만 아니라, 바로 문재인 대통령 자신이 모셨던 노무현 전 대통령이 바로 그 중수부(오늘날의 특수부) 검사들에 의해 죽임을 당한 셈인데, 그들의 생리를 모르고 특수부 출신에, 철저한 검찰주의자인 윤석열을 검찰 개혁의 주역으로 발탁한 것은 쉽게 이해할 수 없다. 검찰 내 다른 부서 검사들의 다양한 의견을 파악해보지도 않았단 말인가?

윤석열은 검찰총장에 취임한 후부터 곧바로 자신을 등용한 대통령에게 칼끝을 겨누고 검찰 개혁을 좌초시키기 위한 행동을 개시했다. 심지어 조국 민정수석이 법무부 장관에 지명되자마자 법무부 장관에게도 알리지 않고 조국 후보자와 관련된 곳들을 전격적으로 압수 수색하는가 하면, 청문회가 진행 중인 상황에서, 그날 자정 무렵 심야에 그의 아내인 장경심 교수를 단 한 번의 소환 조사도 없이 전격 기소하는 "쿠데타"를 자행했다. 이는 명백히 대통령의 통치권과 인사권에 대한 도전이었다. 결국 조국 장관은 취임 후 한 달여 만에 사퇴하고 말았다. 윤석열 검찰총장에 의해 대통령이 임명한 장관이 물러난 것이다.

뿐만 아니라, 윤석열 검찰총장은 몇몇 우익 시민단체들이 고발한 정치적 사건들을 관할 지역 검찰청이 아니라, 이른바 "윤석열 사단"이라 불리는 자신의 측근 검사들이 근무하는 검찰청에 배당하여 청와대를 겨냥한 수사를 자행했다. 그 후로 청와대를 여러 차례 압수 수색하는 등 문재인 정부를 향한 그의 칼춤은 거침이 없었다.

이렇게 미친 듯이 칼을 휘둘러대는 검찰총장의 광기에 대해 문재인 대통령은 단 한마디도 하지 않았다. 이해할 수 없는 노릇이다. 아무리 검찰의 독립이 소신이라 할지라도, 검찰총장의 임기가 법으로 보장되어 있다 할지라도, 그의 미친 칼부림에 대해 대통령은 임면권자이자 통치권자로서 권한을 행사해야 했다. 그리고 그러한 무도한 행위가 계속될 경우에는 부작용을 무릅쓰고라도 그를 해임해야 했다. 일찍이 그랬더라면 오늘날의 윤석열이 있을 수 없었다. 그러나 문재인 대통령은 이 대목에서도 '준법정신'에 매몰되어 검찰의 만행에 대해 단 한마디도 하지 않고, 추미애 장관을 내세워 그 광기에 대응했다. 그는 자신의 손에 피가 묻는 것을 극도로 꺼렸다.

검경 수사권 조정이 지금처럼 어정쩡하게 마무리된 것도 문재인 대통령의 의견을 받아들였기 때문이라고 한다. 민주당 우상호 의원이 밝힌 바에 따르면, 민주당은 원래 검찰의 수사권을 완전히 박탈하고 기소권만 남겨두려 했으나, 문재인 대통령이 부작용을 우려하여 지금처럼 주요 사건에 대한 수사권은 검찰에 남겨두도록 요구했다고 한다. 그렇다면 검찰 개혁의 실패는 문재인 대통령에게 큰 책임이 있다. 물론 검경 수사권 조정이 검찰 개혁의 전부는 아닐지 모르지만, 문재인 대통령의 검찰 개혁 의지가 강하지 않았다는 반증이다.

결국 윤석열의 광기어린 칼부림과 조중동 종편의 화력 지원으로 인해 문재인 정부의 검찰 개혁 시도는 애초의 계획에서 크게 후퇴하고 말았다. 개혁은 무리가 따르더라도 단숨에 해야 하는 법이다. 국민의힘 무리들은 대화가 되는 상대가 아니라는 것을 알면서도, 법과 원칙에 의해 개혁을 시도하는 것은 개혁을 포기하는 것과 다름없는 것이다. 어설프게 개혁을 시도하다 실패하면, 그 반동은 두 배 세 배 강해지는 법이다. 5월 10일에 윤석열 당선인이 대통령에 취임하면, 한동훈 검사를 비롯한 자신의 최측근 검사들을 검찰의 요직에 배치하여, 검찰 개혁에 대한 싹을 완전히 제거하려 시도할 것임은 두 말할 필요도 없다. 그는 대선 후보 시절부터 "문재인 정부의 적폐 청산"에 대한 수사를 강력히 시도하겠다는 속내를 거침없이 드러냈다.

최근 3월 말경에 검찰은 2019년에 국민의힘이 고발했던 이른바 '산자부(산업통상자원부) 블랙리스트' 사건을 3년 동안이나 검찰 캐비닛 속에 묵혀 두었다가, 지금에야 갑자기 꺼내 수사를 재개하면서, 산자부를 압수 수색했다. 검찰의 반격이 시작된 것으로 보인다.

그러면 검찰은 왜 하필이면 이 시점에 갑자기 이 사건에 대한 수사를 재개한 것일까? 두 가지 목적이 있다고 생각한다. 첫째는, 민주당이 대선 패배 후 다시 추진하는 '검수완박'을 골자로 하는 검찰 개혁 법안 개정을 저지하기 위한 것이다. 민주당은 대선 패배 후, 개혁 성향으로 알려진 박홍근 의원을 원내대표로 선출했다. 그리고 그는 '검수완박'을 비롯한 검찰 개혁 등, 개혁 입법을 서둘러 처리하겠다고 선언했다. 6대 중대범죄에 대해서는 여전히 수사권을 갖고 있는 검찰로부터 수사권을 완전히 박탈하겠다는 것이다. 의회 내 다수당인 민주당이 마음먹고 밀어붙이면 국민의힘은 이를 막아낼 방도가 없다. 따라서 검찰 스스로 먼저 움직인 것이다. '검수완박'의 부당함을 국민에게 설득해내야만 민주당의 검찰 개혁을 저지할 수 있다고 판단한 것이다. 바로 민주당이 그 6대 중대범죄에 속하는 '산자부 블랙리스트 사건' 같은 자신들의 범죄를 덮기 위해, 검찰의 수사권을 빼앗으려 한다는 논리를 만들어내려는 것으로 보인다. 그들은 어떻게 해서든, 이 사건을 부풀리고 왜곡해서라도 반드시 유죄 판결을 받아냄으로써, 국민에게 '봐라, 검찰에게서 수사권을 완전히 박탈하려는 민주당의 검은 의도는 자신들의 범죄를 덮기 위한 것이다'라는 메시지를 던지려고 사력을 다할 것이다. 둘째, 문재인 정부에 대한 사정을 통해 정치적으로 보복함과 동시에, 장차 있을 22대 총선까지 민주당을 최대한 공격함으로써, 정국을 유리하게 이끌어 가려는 차기 정권의 의도를 알고 있는 검찰이 이에 충실히 복무하고 있는 것이다. 검찰은 풀보다 먼저 눕는 집단이기 때문이다. 검찰 개혁을 포기하고, '검수완박'을 유보한 문재인 대통령과 민주당의 판단 착오가 불러온 대가인 것이다. 문재인 대통령과 민주당이 자초한 일이니, 그들은 검찰을 원망할 자격이 없다.

또 보도에 따르면, 최근(3월 말경)에 박범계 법무부 장관이 이른바 '검·언 유착 의혹 사건' 등에 대해, 추미애 전 법무부 장관이 검찰총장의 수사지휘권을 박탈했던 것을 복원하여 김오수 검찰총장에게 수사지휘권을 다시 부여하려고 추진했다는 것이다. 그 이유는 검찰 내에서 윤석열 당선인의 최측근이자 현직 검사인 한동훈 검사장에 대해 무혐의 처분을 하려는 기미가 보이자, 이를 저지하기 위해서였다고 한다. 그런데 법무부 내 '친 박범계' 검사들마저도 이에 반대하여 결국 무산되었다는 것이다. 문재인 정부에 순응했던 검사들조차 이제는 속된 말로 "알아서 기고 있는" 것이다.

윤석열 당선인은 특수부 검사로 평생을 살아온 사람이다. 특수부라는 곳은 '한명숙 모해위증 사건' 등에서 보듯이 목표를 위해서는 어떤 짓이라도 할 수 있는 부서이다. 그는 정치에도 특수부 검사를 이용해 어떤 일을 벌일지 짐작할 수 없다. 검찰 개혁은 더더욱 어렵게 되었다. 통탄하지 않을 수 없다.

(4) 언론 개혁의 실패

언론 개혁의 실패는 검찰 개혁 실패보다도 더 뼈아픈 대목이다. 거듭 말하지만 나는 이번 선거의 패인 중 첫 번째가 언론의 불공정 편파 보도 때문이라고 본다. 그리고 이번 대선이 가장 뼈아픈 이유는 〈조선일보〉를 두려워하는 윤석열이 대통령에 당선되었다는 것이다. 사실 문재인 정부가 팬데믹 상황에서도, 방역은 물론이고 경제 · 문화 · 외교 방면에서 과거 어느 정부보다 큰 성과를 거두었음에도 불구하고 국민의 정권 교체 요구가 강했던 것은, 가장 큰 요인이 수구 언론의 편파적인 보도 때문이라고 나는 생각한다. 특히 〈조선일보〉의 도를 넘는 저급한 편파 왜곡 보도는 정치적 이해관계를 떠나, 이 사회의 건전한 여론 형성을 방해하는 사회악이다. 우리나라 민주주의 최대의 적은 국민의힘 집단보다도, 정치검사들보다도, 바로 이들 타락한 언론이다. 언론 개혁 없이는 이 땅에 건강한 민주주의가 뿌리를 내릴 수 없다. 그들은 언론이 아니라, 이미 정치 권력, 경제 권력과 함께 강대한 카르텔을 형성하고 있는 최대의 권력이 되었다.

국민의힘 집단은 이들과 적당히 거래하면서, 그 권력 카르텔의 한 축을 담당하고 있는 동업자 집단이다. 이들은 그 카르텔을 보호해주는 정치적 보호막이 되어 주는 대신, 자신들의 스피커로 활용하면서 상부상조하고 있다. 여론을 조작하여 선과 악을 뒤바꿔 놓고, 자신들의 이익에 걸림돌이 되는 사람이나 집단에 대해서는 왜곡 보도를 통해 집단적 린치를 가함으로써, "악마화"하는 등의 비열한 방법을 동원하여, 이 사회에서 존재할 수 없도록 만들어 버린다. 물리적 폭력이 아니라 정신세계에 폭력을 가하는 조폭 집단이나 다름없다.

이들 카르텔의 동업자 정신은 윤석열 당선인이 대통령에 취임도 하기 전부터 이미 매끄럽게 발휘되고 있다. 윤석열 당선인이 대선 직후부터 무리하게 집무실 이전을 추구하면서, 당선인에 대한 국민의 지지율이 현직 대통령에 대한 지지율보다 낮은 위기 국면이 계속되자, 조중동과 종편을 비롯한 수구 언론은 3월 말경에 갑자기 문재인 대통령의 부인 김정숙 여사의 브로치와 구두·옷값 문제를 들고 나왔다. 한 시민단체가 청와대를 상대로 제기한, 1) 대통령 취임 후 지금까지 특활비 지출 내용, 2) 김정숙 여사의 의상·액세서리·구두 등에 대한 정보공개 청구를 법원이 인용하자, 조중동은 이를 받아 김정숙 여사에 대해 온갖 오보를 남발하면서 흠집내기를 시도하고 있다. 이와 관련된 기사가 신문 지면과 방송의 주요 뉴스를 도배하고, 포털의 메인 뉴스를 장식하면서, 국민의 지탄을 받았던 윤석열 당선인의 집무실 이전 문제는 언론에서 완전히 사라져버렸다. 이게 과연 우연일까? 이에 대해 문재인 대통령과 민주당 지지자들은 노무현 전 대통령을 죽음으로 몰고갔던 이른바 "논두렁 시계" 작전의 제2탄이 아니냐는 의심을 하고 있다.

이러한 언론의 더러운 행태로 인해 평생 시달렸던 김대중도 노무현도 이들 '언론'을 개혁하려고 시도했지만, 결국 아무런 결실도 거두지 못하고 말았다. 문재인 정부 하에서도 민주당이 언론과 포털 및 SNS 게시물 등에 대한 징벌적 손해배상제를 포함하는 몇 가지 법안을 마련했지만, 이들 적폐 언론과 한통속인 야당의 반대로 인해 있으나 마나 한 법안이 되어버렸다. 이 악성 종양을 어떻게 해야 개혁할 수 있을 것인가?

언론은 민간 영역이기 때문에 언론 개혁은 검찰 개혁보다도 더 어렵다. 사실상 합법적으로 방송을 규제할 수 있는 기제는 방송통신위원회밖에 없다고 할 수 있다. 그나마 신문사는 통제 장치가 언론중재위원회를 통한 '정정보도' 요청밖에 없다고 해도 과언이 아니다. 그러지 않으면 민사소송을 통해 기나긴 법적 투쟁을 벌여야 하는데, 이는 개인이 쉽게 할 수 있는 일이 아니다. 언론 통제 장치는 아니지만, 부차적으로 세무조사를 통해 경제적 압박을 가할 수는 있으나, 이 합법적인 기제마저 작동이 안 되고 있는 게 현실이다. 세무조사는 노무현 정권에서 2001년에 23개 중앙 언론사들에 대해 실시한 이후로는 거의 없었던 것으로 알고 있다. 정권이 언론사 세무조사를 선뜻 하지 못하는 이유는 언론을 두려워하기 때문이다. 언론은 세무조사에 대해 "언론 탄압"이라는 프레임을 씌워 광기 어린 공격을 가하기 때문에, 정권은 섣불리 합법적 수단인 세무조사마저 망설이는 지경에 이르렀다.

문제는 언론 개혁에 대해 청와대에서도 사실상 개혁의 의지가 없었다는 것이다. 민주당 박용진 의원이 밝힌 바에 따르면, "언론중재법(언론 중재 및 피해구제 등에 관한 법률) 개정의 경우, 청와대에서도 부담되니까 속도 조절을 해달라고 요청했었다"고 한다. 징벌적 손해배상제를 골자로 하는 개정안의 경우 그 '징벌적 손해배상액'의 한도가 전혀 정벌적 성격을 갖지 못하게 된 이유가 청와대의 요청 때문이었다는 것이다. 문재인 대통령도 조중동의 눈치를 본 것은 아닌지 모르겠다. 매우 충격적이다.

언론의 개혁은 정치권의 소극적인 태도를 볼 때, 시민의 자발적이고 적극적인 참여가 없이는 실현이 거의 불가능한 상황이다. 종이신문은 물론이고 포털에서조차도 절독하는 운동을 통해 수구 언론의 영향력을 감소시키는 것이 그것인데, 그 효과는 대단히 미미하여, 장기간에 걸쳐 꾸준히 할 수밖에 없으므로, 실효성이 크지 않다고 할 수 있다.

선거 패배 후 일각에서는 "진보 종편"을 만들자는 주장이 제기되고 있다. 그러나 이는 마치, 우리 동네에 도둑들이 많으니 교회를 하나 짓자는 것과 다름없는 논리이다. 도둑은 잡아서 처벌하지 않으면 그 나쁜 습성을 고치기가 쉽지 않다. 빨리 잡아서 처벌하는 게 급선무다. 더구나 도둑이 들끓는 상황에서는 더욱 그렇다. 과거 모든 선거에서 민주당은 상대 당과 싸운 게 아니라, 조중동을 비롯한 수구 언론과 싸웠다고 해도 과언이 아니다. 특히 대통령 선거는 더욱 그러했다. 그렇게 기울어진 언론 지형에 대한 안타까움 때문에 몇 년 전부터 "진보 방송국"을 설립하자는 주장이 제기되어 왔고, 이번에도 "억울하게" 패배했기 때문에 다시 그런 논의가 시작되는 것이다. 그 필요성은 인정하면서도, 그것은 근본적인 대책이 아니라고 생각한다. 수구 종편들의 지금과 같은 행태가 계속되는 한, 진보 종편도 여러 종편들 중 하나에 불과하게 될 것이다. 수구 종편들이 지금과 같이 허위 보도를 하고, 극도로 편파적이고 왜곡된 보도를 계속한다면, 진보 종편이 아무리 정론을 펼친다 해도 그 폐해를 바로잡는 효과는 매우 제한적일 것이기 때문이다. 그 정도의 효과는 지금의 유튜브 채널 등으로도 어느 정도는 보완할 수 있으리라고 생각한다. 그것보다는 현재의 수구 종편들의 왜곡 편파 보도에 대해 징벌적 조치를 강화해, 반복될 경우 허가를 취소하거나, 징벌적 손해배상을 물림으로써, 이들이 이런 행태를 근본적으로 자행하지 못하도록 하는 게 우선이라고 생각한다. 180석에 가까운 의석을 몰아줬는데도, '언론 개혁 6대 법안'을 원안대로 통과시키지 못하는 민주당을 보면, 이 또한 기대하기 힘든 일이긴 하다.

아무튼 나는 언론 개혁의 실패가 이번 선거의 가장 큰 원인이며, 앞으로도 민주 진보 진영은 이 괴물들과 싸워서 이기지 않으면 험난한 길을 계속 걸을 수밖에 없다고 생각한다. 수구 언론의 행태에 대해 분노와 증오심을 느낀다.

(5) 남북 평화체제 구축의 실패

한국 현대사의 모든 질곡은 분단 체제에서 비롯되었다는 게 내 생각이다. 박정희가 10월 유신 쿠데타를 통해 장기 집권을 할 수 있었던 것도 분단 상황을 이용하여 남북 간에 긴장을 조성하고, 국민에게 북한에 대한 공포심을 주입함으로써 가능했던 것이다. 전두환이 정권을 탈취할 수 있었던 것도 박정희 유신 체제하에서 박정희의 총애를 받던 일부 정치군인들이 득세할 수 있었기에 가능했던 일이다. 조중동을 비롯한 이른바 레거시 언론사들이 비약적으로 성장할 수 있었던 것도, 군부 정권에 빌붙어, 분단 상황을 악용하여, 안보에 대한 불안감을 조성함으로써 정권 유지와 연장에 협력한 대가로 온갖 특혜를 받았던 것이 큰 요인이다. "한미동맹"이라는 강고한 굴레가 남북 문제에 관한 한 이 나라의 자율성을 옥죄고 있는 것도 분단이 가져온 질곡이다. 분단으로 인한 유·무형의 국가 에너지 낭비는 상상을 초월한다. 통일된 한반도였다면, 지금의 한반도는 엄청난 저력을 발휘하여 세계의 강대국이 되어 있을 것이다.

문재인 정부가 출범 초기부터 가장 공을 들인 분야가 바로 이렇게 적폐의 근원인 분단 체제를 극복하기 위한 첫걸음인 남북 관계 개선이었다. 문재인 대통령은 2018년 4월 27일 평양을 방문하여 김정은 위원장과 제1차 남북 정상회담을 벌였다. 이어서 같은 해 6월 12일, 김정은과 미국의 트럼프가 싱가포르에서 사상 첫 북미 정상회담을 개최하기로 하자, 온 국민은 이번에는 정말로 남북 간에 화해의 돌파구가 열릴 것으로 기대에 부풀었다. 솔직히 말하자면, 한편에서는 트럼프의 종잡을 수 없는 캐릭터가 오히려 극적인 남북 관계 개선에 긍정적으로 작용할 수도 있다는 희망 섞인 기대를 하는 사람도 많았다고 생각한다. 소설 같은 얘기일 수도 있지만, 트럼프가 '노벨 평화상'을 받고 재선에 성공하기 위해, 북미 관계 개선을 약속하고 남북 화해 시대에 전격 동의해주리라고 기대한 것이다.

그러나 미국은 호락호락하지 않았다. 트럼프의 독특한 캐릭터는 부정적으로 작용했고, 존 볼턴을 중심으로 한 미국의 매파 관료들은 남북이 화해하는 것을 쉽게 용인하지 않았다. 그들은 애초부터 한반도의 남북이 평화 체제하에서 공동 번영하는 것에는 관심이 없었다. 철저하게 미국의 국익이라는 입장에서 접근한 것이다. 대한민국 국민이라면 이런 미국의 속내에 대해서도 전혀 우려하지 않은 사람은 아마도 없었을 것이다. 이때부터 문재인 정부의 대북 정책 스텝이 꼬이기 시작했다. 문재인 정부는 철저하게 미국의 처분만 기다리면서, 미국의 동의하에서만 남북 관계를 진척시키겠다는 나약하고 종속적인 태도를 보였다. 이리하여 남북 관계 개선은 다시 교착 상태에 빠졌고, 이런 상태가 오래 계속되자, 극심한 경제적 고통에 시달리던 북한으로서는 조급해지기 시작했고, 더 기다릴 수 없는 지경에 이르렀다. 결국은 다시 문재인 정권에 대한 실망감 표현과 함께 비난을 퍼붓기 시작했고, 마침내 2020년 6월 16일에는 일방적으로 개성에 있는 남북공동연락사무소를 폭파하는 극단적인 조치를 취하기에 이르렀다. 그럴 만도 했다. 북한은 풍계리 핵시설을 파괴하는 등 여러 가지 성의를 보였는데, 남한이나 미국은 그들에게 아무런 반대급부도 제공하지 않았기 때문이다. 여러 가지로 절박한 북한으로서는 이제나저제나 뭔가 대가가 있기를 바랐을 것이다. 그러나 그런 기미가 전혀 보이지 않자, 다시 강경 모드로 전환할 수밖에 없었을 것이다.

문재인 정부는 미국 앞에서는 항상 너무 초라했다. 그렇다면 과연 남북 관계 개선에 대해 미국의 동의 없이 대한민국이 독자적으로 취할 수 있는 여지는 아예 없었을까? 나처럼 정치와 외교에 문외한인 사람이 생각하는 정도를 전문가인 정부 관계자들이 생각하지 못했을 리는 없지만, 외교도 사람이 하는 일이거늘, 상식적으로 생각해보면 다른 방법이 전혀 없지는 않았을 법도 하다. 우선 민족 문제에 관한 한 미국에 대해 최소한의 할 말은 할 수 있어야 했다. 대한민국 정부의 요구에 대해 미국이 계속 제동을 걸면, 우리 민족 문제를 남과 북이 독자적으로 추진하겠다고 경고를 보냈어야 했다. 미국도 한반도에 많은 이해관계가 걸려 있기 때문에, 문재인 정부가 부분적으로 미국의 입장을 거스른다고 해서, 막무가내로 한국에게 결정적인 보복을 하거나 불이익을 줄 처지가 아니다. 오히려 우리 정부가 독자성을 강화해 갈수록 미국도 "마지못해" 인정하면서 묵인해줄 가능성도 있다고 본다. 예를 들어, 북미간에 종전 선언이 이루어지지 않으면, 과감하게 남북이 독자적으로 "어떠한 경우에도 상호 선제 공격을 가하지 않는다"는 식의 불가침 선언이라도 할 수 있지 않았을까? 물론 미군이 남쪽에 주둔하고 있는 상황에서 이 선언이 실효성이 떨어진다 할지라도, 이것이 국제 사회에 미칠 파급 효과는 적지 않으리라고 생각된다.

또 인도적 지원의 경우, 자동차가 북에 들어갈 수 없다는 유엔 결의 때문에 추진할 수 없다고 하면, 오히려 도라산 검문소를 통해 남북 경계까지는 자동차로 싣고 간 다음, 북쪽에 인도할 때는 손수레로 실어서 옮기는 퍼포먼스를 할 수도 있었을 것이다. 그렇게 하면 이 장면이 세계 각 나라들에 보도될 것이고, 해외 언론을 통해 남북한이 얼마나 절절하게 평화를 갈망하는지를 세계인들에게 소구할 수도 있지 않았을까? 금강산 관광의 경우도 달러 대신 현물로 보상하는 형태 등을 모색할 수도 있었을 것이고, 개성공단의 재가동은 민간의 재산권에 관한 문제라고 '억지'를 부릴 수도 있지 않았을까 하는 소박한 상상을 해보게 된다.

이제 이런 상상조차도 사치스러운 일이 되어버렸다. 윤석열 정권이 들어서면, 남북 관계는 다시 이명박·박근혜 정부 시절로 돌아갈 것이다. 아니 그보다도 훨씬 악화할 가능성이 있다. 이명박·박근혜는 적어도 "선제타격" "김정은의 버르장머리를 고쳐놓겠다" 등과 같은 도발적인 어휘를 사용하지는 않았다. 그러나 윤석열 당선인은 후보 시절 북한에 대해 매우 거칠고 적대적인 언사를 서슴지 않았다. 불길한 예감이 떠나질 않는다. 실제로 그런 상황이 벌어진다면, 지난 5년 동안 문재인 정부가 들인 비용과 노력은 한순간에 물거품이 되어 버리는 것은 물론이고, 추가로 엄청난 국가적 에너지가 소모될 것이다. 최소한 남북만이라도 돌이킬 수 없는 '종전' 합의를 문서로 약정했다면, 아무리 대통령이라 할지라도 윤석열 대통령이 쉽게 파기하기는 어렵지 않을까 하는 안타까움이 있다. 매우 아픈 대목이다.

(6) 부동산 정책 실패에 대해

부동산 정책의 실패는 문재인 정부의 가장 아픈 부분이라고 할 수 있다. 부동산, 특히 아파트 문제는 국민의 생활과 직접 관계가 있으면서도, 모든 계층의 국민에게 가장 민감한 문제이다. 또 개혁의 실패에 비하면 부동산 정책의 실패는 선거에 미치는 영향에서 차원이 다른 문제이다. 검찰 개혁과 언론 개혁의 실패는 주로 개혁 진영 내에서만 문제가 될 뿐, 중도층의 표심에는 별 영향이 없다고 볼 수 있다. 개혁 진영 내에서도 개혁 실패에 대해 불만을 갖고 비판을 할지언정, 곧바로 지지를 철회하는 사람은 그다지 많지 않다고 본다. 그러나 부동산 문제는 곧장 자신의 재산에 관한 문제이므로 대단히 예민한 문제이고, 그런 만큼 곧바로 진보 보수를 가리지 않고 모든 유권자의 표심에 즉각 영향을 미친다는 차이가 있다.

문재인 정부는 출범 초에, 더 이상 부동산 투기로는 돈을 벌 수 없게 하겠다고 호언장담했다. 그러나 임기 내내 야당과 언론으로부터 한시도 시달리지 않은 적이 없는 이슈였다. 아파트값이 치솟자 내집 마련을 기대했던 서민들로부터 불만이 자자했고, 고급 아파트를 가진 자들은 집값이 수억 수십억씩 올랐는데도, 쥐꼬리만한 종부세에 대해 "세금 폭탄"이라고 선동하는 국민의힘에 동조하여 정부를 공격해댔다. 심지어 이 선동에 놀아나 종부세 대상이 아닌 사람들까지 "세금 폭탄" 프레임에 놀아났다.

그런 와중에 엎친 데 덮친 격으로 2021년 3월에 이른바 'LH 사태'가 터졌다. LH 직원들이 내부 정보를 이용하여 부동산 투기를 한 것이 밝혀지자, 여론은 들끓었고, 문재인 정부와 민주당에 대한 지지율은 사상 최저를 기록했다. 더구나 2020년 12월에 임명된 국토교통부 장관이 바로 전임 LH 사장이었으니, 국민의 분노는 더욱 하늘을 찌를 듯했다. 문재인 정부는 사면초가의 신세가 되었다. 이런 최악의 상황에서 4월 7일 서울시장과 부산시장 등에 대한 재보선이 치러졌으니, 민주당의 참패는 피할 수 없었다. 그리고 결국 변창흠 장관은 취임 3개월여 만에 사임할 수밖에 없었다.

그런데 최근에 나는 민주당 내에서도 이러한 "종부세는 세금 폭탄"이라는 논리가 작동하고 있음을 확인했다. 송영길 전 민주당 대표가 서울시장 선거 출마를 위한 기자 간담회에서 "종부세 제도를 개선(완화를 의미함)하지 않고는 서울시장 선거는 해보나마나다"라고 주장했다. 아니, 종부세 제도를 시행하면서 문재인 정부에서는 종부세 과세 대상이 상위 2%에 불과하다고 홍보하면서 국민을 설득하지 않았던가! 그런데 그 2%를 의식해서 종부세 제도를 개선해야만 서울시장 선거를 치를 수 있다니! 물론 그 2%의 대다수가 수도권에 몰려 있기는 하지만, 그렇다 하더라도 이게 말이 되는가? 그럼 앞으로도 선거에 불리하면 그때마다 개혁을 뒤로 되돌리겠다는 것인가? 이해할 수 없다.

부동산 정책의 실패는 민주당에게 큰 악재였다. 대선이 시작되기도 전부터 민주당은 이에 대해 연신 "잘못했다"고 사과하기에 바빴다. 그러나 말로 사과한다고 돌아선 민심이 쉽게 되돌아오지는 않았다. 사실 따지고 보면 문재인 정부하에서 아파트값이 치솟은 것은 문재인 정부 탓으로만 돌릴 수는 없다. 그 화근은 이명박·박근혜 정권에서 기인한 부분도 작지 않기 때문이다. 이른바 '초이노믹스'의 부동산 정책의 후과가 문재인 정부에서 발현된 측면을 무시할 수 없다. 어쨌든 문재인 정부 말기에 부동산값은 간신히 안정되는 추세를 보이기 시작했다. 아마도 윤석열 대통령이 취임한 뒤에도 계속해서 이 추세를 유지할 것으로 보이는데, 그렇게 되면 그 성과는 오롯이 윤석열 정부의 공로로 돌아갈 것이다. 선거 과정에서 윤석열 후보의 공약을 보면 부동산 정책에 일관성이 없어 보인다. 만약 그가 다시 부동산 정책에서 오류를 범해 차기에 민주당이 정권을 되찾아올 경우, 그 부작용의 책임은 또 민주당이 뒤집어쓰게 되어, 민주당으로서는 악순환이 계속될지도 모른다. 그건 정권을 빼앗긴 업보라고 할 수 있다.

이재명 후보는 선거 기간 내내 돌아선 민심을 되돌리기 위해 수많은 부동산 정책을 쏟아냈고, 암암리에 문재인 정부와의 차별성을 부각하면서 민심 달래기를 시도했다. 다행히도 선거가 다가올수록 부동산값이 안정세를 보이면서 논란은 서서히 잦아들고 있었다.

이 대목에서 어리석은 의문이 생긴다. 내 주변의 아파트를 가진 모든 사람들은 자신의 아파트값이 몇억 원씩 올랐다고 흐뭇해하며 말한다. 그들의 표심은 여론에 어떻게 반영될까? 아파트값이 크게 오른 사람들은 문재인 정부를 지지해야 하지 않는가? 아파트값 올랐다고 좋아하면서, 왜 문재인 정부를 비난하는가?

여기에는 바로 대한민국 특유의 '부조리'가 있다. 아파트값 상승에 대해 가장 비판적인 집단은 바로 조중동을 비롯한 수구 언론과 국민의힘이다. 이들 '동업자 집단'은 지난 5년 내내 부동산 문제만 나오면, 입에 게거품을 물고 서민의 삶을 '걱정'했다. 나는 그 이중성과 모순성에 역겨움을 느껴 토가 나올 지경이다. 바로 이들 자신이 부동산값 폭등의 주범들이기 때문이다. 이들은 아파트값 상승으로 가장 큰 이득을 본 부류라고 할 수 있다. 강남권에 살면서 아파트를 2~3채씩 보유한 사람도 적지 않은 것으로 알려져 있다. 고급 정보를 입수하는 데에도 유리한 사회적 위치에 있어, 개발 예상 지역에 가족 명의나 차명으로 입주권을 얻을 수 있는 주택이나 땅을 사두거나 '딱지'를 매입하여 많은 시세 차익을 얻기도 하는 자들이다. 국민의힘 의원들 중 강남에 아파트를 복수로 소유한 자들이 몇인가? 또 강남권의 재개발이 예상되는 지역에 아파트를 구입하여, 수억 원, 수십억 원의 차익을 얻은 의원이 누구인가? 조중동 종편에는 그런 자들이 없을까? 적지 않으리라고 본다. 이렇게 불법과 편법으로 아파트값 인상에 '일조'하면서도, 정작 서민의 삶을 걱정하는 듯이 정부를 공격하는 데에도 가장 앞장서는 자들이 바로 그들이다. 그들은 병풍 뒤에서는 좋아 죽겠다고 킥킥대다가도, 병풍 밖으로 나오기만 하면 게거품을 무는 이중적인 집단이다. 이 이중성과 모순성은 정권이 바뀌자 태도가 돌변하고 있다. 윤석열 당선 이후 강남권을 비롯한 일부 지역에서 부동산값 하락세가 멈추고 다시 오를 기미가 보이자, 수구 언론들은 이를 윤석열 당선인 '덕분'이라는 뉘앙스로 찬송하고 있다.

부동산값, 아니 수도권 아파트값 상승은 일차적으로 정부 정책의 실패가 원인이지만, 나는 언론이 이를 크게 부풀리고 왜곡한 측면도 무시할 수 없다고 본다. 모든 부동산 소유자들은 아파트값 상승을 반긴다. 언론이 아파트값 상승에 대해서는 비판하면서, 자영업자나 서민들에게 코로나-19로 인한 재난 지원금을 지급하는 것에 대해서는 포퓰리즘이라고 악다구니를 쓴다. 나라 빚 늘어서 나라 망한다고 걱정한다. 그들이 진정으로 서민들의 삶을 걱정해서 아파트값 인상을 비판했을까? 아파트값이 안정되거나 떨어졌다 한들 그들이 바판을 하지 않았을까? 아마도 강남 부자 다 죽는다고 비판할 것이다. 그들이 부동산 문제를 정치적으로 악용한 측면도 무시하면 안 된다. 그러나 그에 대해서 자세히 논하는 것을 별 의미가 없을 것 같다.

(7) 레임덕 없는 최초의 대통령

나는 이 대목에서 임기 말 노무현의 15% 지지율과 문재인의 45% 지지율을 생각하면서 착잡한 마음과 함께 잠시 상념에 잠겼다.

임기를 2달도 남겨놓지 않은 문재인 대통령의 국정 수행 지지율은 45% 전후를 유지하고 있다. 5년 임기 동안 내내 잠시 30%대 후반으로 하락했을 때를 제외하면, 항상 40%대 이상을 유지해 왔다. 그는 자기 관리에 매우 철저한 지도자였다. 레임덕이 없는 이유는 대략 다음과 같은 이유가 아닐까 생각한다. 첫째, 대개 레임덕이 시작되는 것은 대통령의 가족이나 친인척, 혹은 측근이나 고위 관료들의 권력형 부정부패로 시작된다. 그러나 문재인 정부에서는 5년 내내 이렇다 할 만한 권력형 부정부패 사건이 없었다. 그것이 레임덕이 없게 된 첫 번째 이유일 것이다.

다음으로 그는 비록 정권 재창출에는 실패했지만, 임기 중 팬데믹 상황에서도 대처를 잘했고, 경제도 비교적 잘 유지했다. 언론에서 잘 보도해주지 않아, 반대층과 중도층에는 많이 전달이 되지 않았지만, 그를 지지했던 국민은 여전히 유튜브 등 대안 매체들을 통해 그의 이러한 성과들을 알고 있기 때문에, 지지 대열에서 이탈하지 않았기 때문이다.

셋째, 그는 매우 겸손한 사람이고, 그의 겸손은 몸에 체화된 것이지, 의도적으로 겸손해 보이려고 하는 게 아니다. 윤석열 당선인과 매우 대조적인 성품이다. 이것이 레임덕이 없는 세 번째 이유라고 생각한다.

넷째, 민주 시민들의 노무현 트라우마 때문이다. 조중동을 비롯한 수구 언론의 프레임에 속아 임기 말에 10%대의 지지율로 노무현에 대한 지지를 철회했었던 일에 대한 교훈, 퇴임 직후부터 시작된 이명박 정권의 충견인 중수부 검찰의 정치 보복성 수사로 노무현을 잃은 마음의 상처가 깊게 남아 있다. 더구나 문재인 정권은 임기 중반부터 임기 말까지 내내 윤석열의 정치 검찰에 의해 엄청난 시달림을 받았다. 따라서 "문재인을 지키자"라는 구호에서 알 수 있듯이, 자연스럽게 문재인만은 노무현의 전철을 밟게 할 수 없다는 애틋한 마음이 암암리에 형성되어 있기 때문이다.

문재인은 레임덕 없는 대통령이라는 좋은 선례를 만들었다. 문재인 대통령은 우리 정치사에서 매우 소중한 선례를 남겼다고 할 수 있다.

(8) 문재인 정부에 대한 전반적인 소회

문재인은 선한 사람이다. 자기 스스로에게 편법과 반칙을 용납하지 않는 사람이다. 내가 보기에 그는 '위법'에 대해 결벽증 같은 것이 있다. 그래서 그는 자신에게 주어진 권한을 가장 보수적으로 사용했고, 그 결과 허용된 권한의 70%도 사용하지 못한 것 같다. 이것은 지도자로서 미덕이 아니다. 권력을 남용하는 것은 물론 나쁘지만, 주어진 권력을 너무 아껴 쓰는 것도 결코 좋은 태도는 아니다. 만약 이재명이 대통령이었다면, 자신에게 주어진 권한을 최대한 사용하여 국민의힘과 일전을 불사하면서 개혁을 하지 않았을까 하는 생각을 해본다. 그러나 의미 없는 일이 되어버렸다.

문재인을 비난하고 싶은 생각은 없다. 그냥 아쉬울 따름이다. 위와 같은 문제점들이 있었음에도 불구하고, 코로나-19가 전 세계를 휩쓰는 세계적 위기 상황에서도 문재인 정부의 5년은 세계 그 어느 나라보다도 잘 대처했다고 할 수 있다. 여타 어느 선진국과 비교하더라도 경제지표가 좋고, 사망자도 비교할 수 없을 정도로 적게 잘 대처했다. 북핵 문제와 검찰 개혁에서도 미미하지만 일정한 성과가 없었던 것은 아니다. 임기 말 지지율이 말해주듯이 그는 무난하게 5년 동안 대한민국의 선장 역할을 했다. 그리고 이러한 조그만 성과들이 계속 이어져 개혁을 완성하기 위해서는 반드시 정권을 재창출해야 했다.

그러나 그는 정권 재창출에 실패했다. 아마도 그가 이루었던 이런 조그만 성과들은 윤석열 당선자가 취임하자마자 무효화시키는 작업에 곧 돌입할 것으로 보인다. 문재인 정부가 이루었던 성과는 상당 부분 물거품이 될 처지에 놓여 있다. 그런 의미에서 결과적으로 문재인 정부는 실패했다고 생각한다.

03

이 재 명

(1) 인간 이재명

이재명의 삶을 되돌아보면, 57년의 생애가 한순간도 드라마가 아닌 적이
없었다. 그의 인생은 반전이 연속되는 한 편의 감동적인 스토리이다. 찢어
지게 가난한 집안의 5남 2녀 중 다섯째로 태어났다고 한다. 공교육이라고는
초등학교 6년밖에 받지 못하고, 어린 나이에 나이를 속이면서 공장에 취업
한 소년공이었다. 같은 또래의 아이들은 교복을 입고 등교할 때 그는 상사들
의 폭행에 대한 공포심을 안고 살기 위해 공장으로 출근했다. 독한 화학물질
때문에 후각도 잃었고, 프레스에 눌려 왼팔이 비틀리는 산재를 겪기도 했다.
그런 상황에서도 그는 10대의 어린 나이에 공부를 해야 자신의 장래가 있다
고 판단하고 작업 중에도 책을 보았고, 시간을 내어 학원에 다니며 검정고시
를 준비했다. 그리고 학력고사에서 최상위권 성적을 거두고, 정규 교육을 받
은 아이들과 같은 나이에 우수한 성적으로 대학에 장학생으로 입학할 수 있
었다. 부모의 확실한 뒷바라지를 받으며 학교에 다니는 유복한 집안의 아이
들조차 하기 어려운 일을 소년공이 해냈다. 그는 선거 기간에 유세장에서,
자신이 어린 시절에 판잣집에 살면서 소년공 생활했던 어린 시절을 회고하
면서 펑펑 울었다. 연설을 듣는 나도 울었다. 이재명에 대한 연민과 존경이
뒤섞여 나도 모르게 눈물이 났다.

그의 〈웹 자서전〉에 수록된 한 대목을 보면 그가 어떤 사람인지 짐작할 수 있다.

독서실에서 여름엔 모기와 싸우고 가을에는 오들오들 떨면서 공부했다. 담요가 있으면 나도 모르게 덮고 잠들어서 담요도 도로 집에 가져다 놓았다.

책상에 볼펜을 곧추세워 놓고 공부하다 졸면 이마가 찔리게 했다. 나중에는 가슴 닿는 부분에 압정도 붙여놓았다. 그때 많이 찔렸다. 처음 찔릴 때는 정신이 번쩍 들었는데 나중엔 찔린 채로 자고 있기도 했다. 덕분에 참고서 곳곳에 핏자국이 남았다. 말 그대로 혈투였다.

나와 함께 공부했던 친구 심정운이는 이렇게 말한다.

"재명이는 한번 한다고 하면 그렇게 지독하게 하는 친구였어요. 하여튼 집중력과 끈기는 천하무적이었죠."

학원에서 점심과 저녁에 양은도시락의 식은 밥을 먹었는데, 나중엔 도시락도 한 개로 줄였다. 배가 부르면 졸렸기 때문이다.

그런 내가 애처로웠던 엄마는 밥을 꽉꽉 눌러 도시락을 싸주곤 했다. 그 시절 엄마가 준 차비로 학원에 가고, 엄마가 싸준 도시락을 먹으며 공부했다. 행복했다. 그렇게 여한 없이 공부해보기는 처음이었다.

마침내 대입 학력고사 일인 1981년 11월 24일이 밝았다. 대입준비를 시작할 때 내 모의고사 성적은 전국 30만 등 밖이었다. 그렇게 시작해 8개월 공부 끝에 마지막으로 본 모의고사에서는 2천 등 안에 드는 성적을 올렸다. 장학금을 받으려면 최상위권에 들어야 했다.

결과가 나왔다. 불수능이었는데 최상위권인 285점이었다. 장학금 대상 안에 들었다. 성공!

그 성적이면 우리나라에서 가지 못할 대학은 없었다.

어디를 지원할 것인가?

절대적인 기준은 장학금으로 학비를 충당할 수 있어야 한다는 것이었다. 중앙대 선호장학생 A급은 3학년까지 등록금 면제에 매월 20만 원씩의 특대장학금을 받을 수가 있었다. 커트라인이 가장 높은 과가 의대와 법대였는데 의대는 추가비용을 내야 해서 애초에 제외했다.

그렇게 중앙대 법대생이 됐다. 특대장학금 20만 원은 내가 공장에서 받았던 월급의 세 배에 달했다.

내 입장에선 꿈 같은 일이었다. 어깨가 으쓱했다.

입학식이 보름 넘게 남았을 때 미리 교복도 맞추고 모자도 샀다. 대학 교복을 입는 게 촌스러운 행동이라는 건 몰랐다. 뭐가 어떻든 평생에 교복 한 번 입어보는 것이 꿈이었으니까. 성남시장 시절 무상교복 정책은 그런 경험에 뿌리가 닿아 있다.

대학 입학식 날, 엄마와 찍은 사진이 남아 있다. 연한 살구빛 한복을 곱게 차려입은 엄마와 대학 교복 차림의 내가 중앙대 교정을 배경으로 나란히 서서 미소 짓고 있다. 엄마는 그날 이렇게 말했다.

"재맹아, 내는 인자 죽어도 한이 없데이. 니는 크게 될끼라고 내가 그켓제?"

우리는 어둡고 긴 터널을 지나 환한 봄날 아래 서 있었다.

새로운 시작이었다.

(이재명의 웹자서전 〈소년공, 법대생 되다〉에서 인용)

이는 보통사람이 보기에는 "기적 같은" 일이다.

유튜브 등에 등장하는 그의 시민운동 시절과 공직자 시절 영상을 보면 그는 좀 다혈질적인 성격의 소유자인 것 같다. 그의 그런 성격이 선천적인 것인지 후천적인 것인지 나는 알지 못한다. 다만 그게 후천적인 것이라면 이해가 된다. 대개 어려운 환경에서 어린 시절을 보낸 사람은 잠재적으로 방어적이면서도 공격적인 성격을 가질 수 있다. 상대방이 부당한 일을 하거나 자신에게 공격적인 태도를 보이면 곧바로 예민한 반응을 보이는 성향이 있다. 왜냐하면 어려운 환경 속에서 도와주는 사람이 없이 자기 혼자의 힘으로 살아남으려면, 자신에 대한 공격에 예민하여 항상 방어할 태세를 갖추고 긴장감

속에서 생활해야 하기 때문이다. 어린 나이에 이런 성격이 잘못 풀리면 폭력배나 범죄자가 되기도 한다. 이런 힘든 환경을 극복하고 이재명처럼 공부에 매진하여 저렇듯 우수한 성적으로 짧은 시간 내에 대학에 진학한다는 것은 오늘날과 같은 교육 시스템 하에서는 매우 보기 드문 사례로, 아무나 알 수 있는 일이 아니다. 그러나 보수 언론에서는 이런 이재명의 일부 모습을 "악마" 이미지를 덧씌우는 소재로 악용하기도 한다.

그는 천재성이 있는 사람이다. 지도자에게 천재성이 반드시 필요한 덕목은 아니지만, 아둔한 지도자보다야 백 배 낫다. 대학에 진학한 뒤에도 그는 조금도 흐트러짐이 없이 사법고시를 준비하여, 졸업한 해인 1986년 7월에 사법시험에 우수한 성적으로 합격한다. 사법연수원 성적도 좋아 판·검사에 지원할 자격이 주어졌지만, 그는 변호사의 길을 택한다. 찢어지게 가난한 환경에서 자란 '한' 때문에 큰 로펌에 취업하여 많은 돈을 벌 수도 있었지만, 그는 자신과 같은 약자들을 보호하기 위해 "돈이 안 되는" 인권변호사의 길로 나아간 것이다. 가난했던 사람이 출세하면, 더 큰 돈을 벌거나 더 큰 성공이 보장되는 길을 택하는 게 보통사람들의 선택이다. 이재명이라는 사람의 인간됨을 단적으로 알 수 있는 대목이다.

그는 자신의 말마따나 "변방 장수"였다. 그는 항상 혼자였다. 혼자의 힘으로, 가장 보수적인 "천당 아래 분당"이 속해 있는 성남에서 시장에 출마하여 당선되었다. 두 번의 시장 임기 동안 그는 탁월한 행정 능력을 발휘함으로써 전국적인 인물로 유명해지자, 일개 기초자치단체장에서 일약 야당 대선후보 반열에 올라섰다. 국회의원 한 번 못 해본 사람이 대선 후보가 된다는 것은 한국의 정치풍토에서는 거의 일어나기 힘든 일이다. 2017년, 그는 처음으로 대통령 후보 선출을 위한 당내 경선에 출마했고, 그 과정에서 매우 공격적인 자세로 토론에 임했다. 비록 경선에서 3등에 그쳤지만, 그는 좋은 측면에서도 나쁜 측면에서도 강력한 인상을 남겼다. 그로 인해 많은 열성적 지지자를 얻은 반면, 극렬한 안티 세력도 생겨났다.

어쨌든 그는 전국적인 인물이 되어 대중들에게 강한 인상을 남겼고, 그것을 정치적 자산으로 삼아 2018년 6.13 지방선거에서 경기도지사에 도전한다. 상대는 문재인 대통령의 최측근이자 재선 국회의원인 전해철 의원이었다. 이재명은 단기필마로 출마해 전해철 의원을 누르고 민주당의 경기도지사 후보로 선출되었고, 본선에서 남경필 지사를 꺾고 당당히 대한민국 최대 인구를 보유한 광역 자치단체인 경기도의 도지사가 되었다. 그의 탁월한 행정 능력은 경기도지사가 된 뒤에 더욱 빛을 발했다. 수십 년 동안 아무도 해결하지 못했던 '계곡 정비'를 별다른 말썽 없이 해결하는 수완을 발휘했다. 신천지 발 코로나-19 확산 국면에서는 직접 이만희 교주를 상대로 신도 명단을 확보함과 동시에, 검사를 거부하던 이만희 교주로 하여금 검사를 받도록 만들었다. 그의 전국적인 지명도는 갈수록 높아졌고, 유력한 잠룡으로 위상도 높아져 갔다.

그리고 마침내 제20대 대선에 그는 출사표를 던졌다. 그의 당내 경선 상대는 이낙연이었다. 정치 경력으로만 보자면, 이재명은 이낙연의 상대가 되지 못했다. 이낙연은 3선 국회의원에, 전라남도 도지사에 재임 중 문재인 대통령에게 국무총리로 발탁되어, 1988년 제6공화국 출범 이후 역대 최장수 총리를 지냈고, 총리를 사임한 뒤에는 민주당 대표까지 역임했다. 또한 문재인 정부 하에서 여야를 통틀어 줄곧 차기 대통령감으로 각종 여론조사에서 압도적 1위를 유지해온 거물이었다. 이재명은 이낙연의 그늘에 가려 꽤 격차가 있는 2위를 유지해 왔다. 그러던 중 2020년 8월에 처음으로 이낙연을 앞서는 여론조사 결과가 발표되었다. 그 후로는 여론조사에서 거의 줄곧 이낙연을 앞서 나갔다. 전세를 역전시키기 위해 이낙연 후보 측에서는 2021년

8월 말경에 이재명 후보를 겨냥해 "대장동 문제"를 제기했다. 이 문제는 결국 대선 기간 내내 이재명을 괴롭혔고, 그 프레임을 벗어나지 못하여, 선거에서 패배하는 가장 큰 화근이 되었다.

민주당에서 본격적인 당내 경선이 시작되자, 이낙연 캠프에는 그의 화려한 경력에 걸맞게 170명이 넘는 민주당 의원들 중 주류 중진 의원들을 중심으로 한 수많은 거물급 의원들이 참여했다. 이재명 캠프에는 주로 초·재선 의원들이 포진했다. 지지율에서 뒤지는 이낙연 후보의 집요한 네거티브 공격으로 고전하면서도 결국은 추격을 따돌리고 아슬아슬하게 과반을 넘겨 여당의 대통령 후보가 되었다. 소년공에서 출발한 그의 인생은 반전에 반전을 거듭하면서 여당 대선후보까지 되었다. 그의 성취는 거의 모든 것이 그야말로 혈혈단신 단기필마로 이루어냈다고 해도 과언이 아니었다. 이제 그에게는 대통령에 당선되는 일만 남아 있었다. 한 편의 '위인전'이 완성되는 데에는 화룡점정만 남아 있었던 것이다.

삶 자체만 놓고 보면, 이재명의 삶은, 온실 속의 화초처럼 자라온 윤석열과는 비교할 수 없는 우위에 있었다.

(2) 선거 과정에서의 이재명 관련 논란들

나는 단언한다. 이재명은 하이에나 같은 국민의힘과 〈조선일보〉류 수구 언론들의 더러운 선전 선동을 극복하지 못했기 때문에 졌다.

인간 자체만 놓고 보면, 이재명이 대통령감이라면 윤석열은 구청장감도 안 된다고 생각한다. 그런데도 이재명이 패배한 것은, 〈조선일보〉를 필두로 하는 수구 언론과 국민의힘의 비열한 선전 선동에 민주당이 제대로 대처하지 못했기 때문이다. 국민의힘의 악의적 선전 선동은 거의 이성을 상실한 수준이었다. 그들 자신도 윤석열 일가의 '본부장' 비리를 알고 있었기 때문에, 민주당의 파상공세를 대처하기 위해 철저히 대비한 것 같았다. 대장동 사건이 불거지기 전까지는 이재명을 공격할 만한 소재가 '형수 욕설' 사건 외에는 별다른 게 없었다. '형수 욕설' 사건에 비하면 '본부장' 비리는 핵폭탄급 사안들이었다. 그래서 그들은 이재명을 공격할 비장의 카드를 찾고 있었다.

1) 통한의 '대장동'

2021년 8월 31일, 〈경기경제신문〉이라는 1인 미디어가 "이재명 후보님, ㈜화천대유자산관리는 누구 것입니까?"라는 기사를 게재하자, 기다렸다는 듯이 〈조선일보〉 측에서 이를 받아 기사화했다. 국민의힘은 애타게 갈망하던 그 비장의 카드를 발견한 것이다. 하이에나 같은 국민의힘은 '대장동'을 한번 입에 물자 절대로 놓치지 않았다. 처음에는 이른바 〈정영학 녹취록〉에 나오는 "그분"이 바로 이재명 시장이라고 우겨댔고, 이어서 이재명 후보의 아들이 화천대유에 근무한다, 김만배가 대법원에 로비를 해서 무죄 판결을 받았다, 측근에 전달한 로비 자금이 이재명 본인의 선거 자금으로 유용되었다 등등 끊임없이 확인되지 않은 주장을 일방적으로 토해냈다. 대장동 사건은 워낙 복잡하게 얽힌 사건이어서 선거 기간 내내 우려먹을 수 있는 화수분이었다. 그리고 김건희 씨나 윤석열 후보에 관련된 의혹이 드러날 때마다 국민의힘이 새롭게 날조된 허위사실을 폭로하거나, 이재명 후보에 대한 비리를 증언한다는 정체불명의 사람들이 나타나, 누가 봐도 말이 안 되는 조잡한 내용으로 기자회견을 했다. 그러면 언론은 또 사실 확인도 없이 이를 기사화하여 윤석열 후보에게 타격이 가지 않도록 물타기 작전을 벌였다. 심지어 선거를 2주일 정도 앞둔 2월 25일에는, 원희룡 국민의힘 정책본부장이 제2경인고속도로의 분당 출구 부근 배수로에 버려진 '대장동 의혹' 관련 문건 보따리를 입수했으며, 여기에는 이재명 시장이 직접 결재한 서류도 포함되어 있다고 발표했다. 그리고 언론은 이를 대대적으로 보도했다. 이게 무슨 저질 코미디인가!

이렇게 국민의힘이 끊임없이 새로운 의혹을 제기하면, 언론은 맞장구를 치며 대대적으로 기사화함으로써, 대장동 문제는 선거 기간 내내 이재명을 괴롭혔다. 아무리 이재명의 결백을 입증하는 팩트가 밝혀져도 이른바 레거시 언론들은 제대로 보도해주지 않았다.

한 가지 안심이 되었던 것은, 이재명이라는 사람이 부정한 금전을 수수했을 리가 없으리라는 확신이었다. 그래서 대장동 문제도 한동안 국민의힘 측에서 떠들어대겠지만, 실속 없이 사그라들 것으로 생각했다. 사실 이 문제는 대선을 7개월 이상 남겨둔 2021년 8월 말경에 처음 제기되었으니, 비교적 일찍 제기된 것이어서, 언론이 공정한 사실 보도만 해준다면, 시간이 지나면서 이재명의 결백은 입증될 수 있었다. 그건 착각이었다. 그들에게는 조중동이 있다는 것을 놓친 것이다. 언론은 윤석열의 참모로서 괴벨스 역할을 충실히 수행했다. "기레기"들은, 그리고 그들을 고용한 "찌라시 사주"들은, 윤석열이 이겨야 자신들이 활개치는 세상이 온다는 것을 잘 알고 있었다.

국민의힘에서는 어떻게 해서든 이 문제를 선거일까지 끌고 가려는 의도가 확실했다. 사실 여부는 묻지도 따지지도 않는 파렴치한 그들이 좋은 먹잇감을 물었으니, 쉽게 놓칠 리가 없었다. "그분"이 이재명 지사가 아니라는 여러 가지 정황들과 남욱 변호사의 "씨알도 안 먹힌다"는 증언이 나왔음에도 그들은 아랑곳하지 않고 "그분"은 바로 이재명 성남시장이라며 계속해서 마타도어를 쏟아냈다. 이렇게 이 이슈가 잦아들지 않자, 이재명은 대선 준비를 위해 경기 도지사직을 사퇴하려던 일정을 미루고 스스로 경기도청 국정감사에 출석하여 해명하겠다고 나섰다. 경기도 국정감사장에서 그는 떳떳했고,

공격적으로 자신의 결백을 잘 해명했다. 누구라도 이재명의 해명을 듣고 편견 없이 객관적으로 판단하려고 했다면, 그가 "그분"이 아님을 알 수 있었다. 그러나 이번에도 그들에게는 수구 언론이 있었다. 그들은 국민의힘에 맞장구를 치며, 이재명을 "그분"으로 만들려는 국민의힘을 위해 충실히 복무했다.

또 윤석열은 선거 기간 내내, "김만배 일당이 3억 5천만 원을 투자하여, 수천 배에 이르는 1조 원 가까운 이익을 챙겼다"고 거짓말로 유권자를 선동했다. 사실일까? 그렇지 않다. 3억 5천만 원이라는 액수는, 대장동 개발 사업을 위해 성남도시개발공사 측과 김만배 · 남욱 · 정영학 등이 합작하여 만든 '성남의 뜰'이라는 주식회사에 대한 출자금에 불과하다. 즉 대장동 개발 사업 시행사인 '주식회사 성남의뜰'의 납입자본금은 50억 원인데, 이 회사의 지분 7%를 차지하기 위해 김만배 등이 출자한 금액이 3억 5천만 원인 것이다. 김만배가 주도한 대장동 개발을 위한 하나은행 컨소시엄은 총 1조 3천억 원을 출자하여, 4천억 원의 수익을 창출한 것이다. 이것을 모를 리 없는 윤석열과 국민의힘은 낯짝에 철판을 깔고 주야장천 염불 외우듯이 이걸로 국민을 세뇌시키고 있었다.

그 이유는 무엇일까? 첫째, 투자금을 언급하게 되면 바로 윤석열 자신이 수사를 무마시켜주었다는 의혹을 사고 있는 '부산저축은행 불법 대출 사건'이 불거질 수밖에 없기 때문에 그 연결고리를 차단하기 위한 목적이었을 것으로 생각된다. 둘째, 대중들을 선동하는 데에는 "이재명이 대장동 개발과 관련하여 비리가 있다더라"라는 막연한 구호보다는 "김만배 일당이 3억 5천만 원을 투자해서 수천 배의 이익을 챙겼다"라는 것이 훨씬 크게 분노를 자아내게 만들 수 있다는 점이다. 이렇게 뻔뻔한 거짓말로 자신의 범죄를 물타기함과 동시에 거꾸로 이재명에게 누명을 씌우는 비열한 짓을 선거 기간 내내 계속했고, 그게 대중들에게는 잘 먹혀들었다는 점이다. 그 결과 "대장동 개발 비리"의 책임이 누구에게 있느냐는 여론조사에서 "이재명에게 있다"는 응답이 50%를 넘었고, "윤석열에게 있다"는 응답은 그 절반 정도에 그쳤다. 국민의힘과 윤석열의 괴벨스식 전법이 성공을 거둔 것이다. 거짓 선전과 선동에서는 민주당이 국민의힘을 절대로 따라갈 수 없음은 이미 '역사적으로' 증명된 바 있다.

나는 이 대목에서 민주당이 왜 위의 사실에 대해 좀 더 적극적으로 유권자들에게 설명하지 않았는지 안타까움을 금할 수 없다. 범죄자를 비호하는 듯한 모양새가 되어 '공범'임을 인정하는 것이라고 역공당할 것을 염려했을지 모른다. 그러나 윤석열 후보가 '3억 5천만 원' 프레임으로 공격하면 그때마다 분명하게 되받아쳤어야 한다. "자본금과 투자금을 왜곡하여 국민을 속이려 하지 마라. 김만배 일당이 투자한 금액은 이러저러해서 1조 3천억 원인데, 그 돈을 투자 유치할 수 있었던 종잣돈이 바로 윤석열 후보 당신이 주임검사일 때 수사를 무마해준 부산저축은행에서 불법으로 대출받은 1,100억 원이다"라고 구체적으로 반복하여 되받아쳤어야 한다. 이재명 후보가 토론회에서 몇 번 언급하긴 했다. 그러나 그게 시청자들에게는 그냥 지나가는 말일 뿐이었다. 그래서 나는 이재명 캠프의 TV토론 담당자인 박주민 의원실에 전화를 몇 번 했는데, 통화가 이루어지지 않아, 그의 페이스북에 메시지를 남겼지만 아무런 응답도 받지는 못했다.

결국 이번 대선은 "대장동"이라는 재료를 가지고 국민의힘과 수구 언론이 만들어낸 프레임을 벗어나지 못한 것이 주요 패인 중 하나이다. 민주당은 이번 대선에서 "대장동 사건"을 두고 윤석열과 국민의힘 측이 했던 행동과 민주당이 대처했던 내용을 철저히 연구하고 분석하여, 차후에 반복될 이러한 상황에 대해 충실히 대비해야 한다.

2) 형수 욕설 문제

이 문제는 이미 지난 6.13 지방선거 때 불거져 이재명을 크게 괴롭혔던 사건이다. 만약 대장동 소재가 없었다면 국민의힘은 무엇으로 이재명을 공격했을까? 그들은 없는 사실도 지어내는 자들이니, 뭔가 기상천외한 사건을 만들어냈겠지만, 일단은 이 문제를 요긴하게 써먹으려고 준비했던 것 같다. 그러나 이 문제가 그들에게 좋은 공격 소재이긴 한데, 이미 상당수 국민들이 알고 있는 데다, 아무리 막 나가는 집단일지라도 욕설 육성을 직접 국민들에게 들려줄 수는 없었을 것이기에, 그들도 이것을 이용하는 데에는 한계가 있었다. 또 그 욕설이 나온 맥락을 보면 이재명을 크게 나무랄 수 없다는 것을 상당수 국민들은 이미 알고 있었다.

새로운 소재를 찾고 있던 차에 민주당 내의 경쟁 캠프에서 구미가 당기는 먹잇감을 던져주었으니, 그들은 굳이 이 껄끄러운 소재를 '메인 메뉴'로 내놓지 않고, 간간이 양념으로만 사용하는 것으로도 톡톡한 재미를 보았다. 국민의힘이 당 차원에서는 이 소재를 양념 정도로만 악용했고, 주로 지지자나 보수 유튜버들이 SNS 등을 통한 공격 소재로 사용했지만, 그들에게는 여전히 소중한 공격 수단이었다.

3) 조카 살인사건 변호 논란

이번 선거의 특징 중 하나는 젠더 갈등이 첨예하게 부각된 선거라는 점이다. 그 촉발자는 국민의힘 이준석 대표였다. 이른바 그가 내세운 '세대포위론' 선거전략의 일환이었다. 그는 당 대표가 되기 전부터 방송 토론 등에서 안티페미니즘적 언행을 서슴지 않았는데, 2021년의 당 대표 선거에서 30대 청년인 그가 제1야당의 대표가 될 수 있었던 것도 그의 안티페미니즘에 동조하는 2, 30대 남성들의 적극적인 지지 덕분이었다. 과거에 2, 30대들은 민주당에 절대적인 지지를 보냈기 때문에, 이번 대통령 선거 과정에서 그가 공을 세워 자신의 존재감을 입증하기 위해서는 당 대표 선거에서 자신을 지지했던 그들을 다시 윤석열 지지자로 만들어야 했다. 그는 그런 자신의 속내를 주저 없이 행동으로 옮겼다. 민주당의 주요 지지층인 4, 50대를 제외하고, 2, 30대와 6, 70대 노년층으로 하여금 윤석열을 지지하도록 만들어 민주당에 승리하겠다는 전략이었다. 2030 세대 중 여성은 어차피 자신들을 지지하지 않았던 집단이었으니, 그들을 다시 남성과 여성으로 분리하여 남성 표만이라도 자신들의 지지로 돌아서게 한다면 선거에서 절대적으로 우위에 설 수 있다고 판단한 것이다. 윤석열과 국민의힘은 이들을 위한 맞춤형 공약들을 잇달아 발표했다. 여성가족부 폐지가 대표적이다.

이런 분위기에서 과거에 이재명 후보가 변호사 시절 자신의 조카가 여자 친구의 모녀를 살해한 사건을 변호했다는 사실이 밝혀지자, 윤석열 측에서는 이재명을 지지하던 2030여성을 자신의 지지로 돌려세울 수 있는 절호의 기회라고 판단하고, 이를 적극적으로 활용했다. 그러나 결과적으로 이 시도는 국민의힘이 크게 효과를 거두지는 못한 것 같다.

4) 부인 김혜경 씨 법인카드 사건

줄곧 대장동 사건에서 "그분"이 이재명이라고 억지를 부리던 국민의힘과 윤석열은, "그분"이 이재명이 아니라는 증언과 정황이 속속 드러난 데다, 또한 윤석열이 수사 단계에서 사건을 무마해준 '부산저축은행 불법 대출 사건'이, 바로 김만배 일당이 대장동에서 막대한 수익을 거둘 수 있는 종잣돈이었다는 사실이 밝혀지면서, 이재명이 대장동 프레임에서 조금씩이나마 빠져나오고 있을 무렵, 또 하나의 폭탄이 이재명 진영에서 터졌다.

국민의힘의 공작 냄새가 물씬 풍기긴 했지만, 대선을 한 달여 남겨놓은 2

월 초에 경기도청 전 비서실 직원에 의해, 이재명 후보의 부인 김혜경 씨가 비서실 직원의 카드로 쇠고기와 초밥 등을 구입하고서 나중에 경기도 법인 카드로 바꿔치기하여 결제했다는 내용이었다. 사용한 금액은 불과 몇백만 원에 불과했지만, 그 충격은 핵폭탄급이었다. 이것은 윤석열 부인 김건희의 모든 범죄 의혹들을 수면 아래로 가라앉게 만들어버렸다. "김건희나 김혜경 이나 도긴개긴"이 되어버린 것이다. 어찌 둘의 범죄 혐의가 비교나 되는 것 인가? 그러나 이 대목에서도 윤석열은 조중동과 종편이라는 든든한 지원부 대를 갖고 있었고, 이들이 연일 퍼부어대는 "초밥 10인분"의 마타도어는 "무 속" "논문 표절" "도이치모터스 주가조작" "수십 번의 경력 조작" "쥴리" 논 란을 단번에 덮어 버렸다. 이번 대선에서 윤석열과의 표차가 24만 7천 표이 니, 이 이슈로 인해 이재명 후보를 지지하던 사람 13만 명 이상이 윤석열 쪽 으로 돌아섰다면, 이 사건이 대선을 결정지은 요인이라고 할 수도 있는 아픈 대목이다. 선거 기간 내내 국민의힘과 윤석열 후보측에서 이재명 후보에 대 해 수많은 공격을 가했지만, 팩트에 근거하여 이재명이 정말로 비난받을 만 한 사안은 오직 이 사건뿐이라고 생각한다. 그것도 엄밀히 따지면 본인 문제 가 아니라 부인의 문제이긴 하지만 말이다. 거듭 말하지만 편파적인 언론이 이를 용납하지 않았을 뿐이다.

이밖에도 도지사 선거 과정에서 불거져 임기 내내 이재명을 괴롭혔던 "형 님 정신병원 강제 입원 논란" 등 소소한 문제들이 있었지만, 크게 위력을 발 휘하지는 못했고, 대장동 문제와 김혜경 씨 법인카드 유용 문제가 이번 대 선에서 이재명의 아킬레스건이었다. 사실 대장동 문제는 이재명에게는 매우 억울한 문제인데, 파렴치한 국민의힘과 윤석열 후보 측의 뒤집어씌우기 공 세를 극복하지 못하고 말았다.

윤석열 후보가 얼마나 허위사실을 마구 내질렀는지는 다음 한 가지 억지를 보면 알 수 있다. 윤석열 후보는 유세 막판에 다음과 같은 마타도어를 아무런 거리낌없이 내뱉었다. 그는 문재인 정부하에서 아파트값이 급등한 것에 대해, "(문재인 정부가) 집 있는 사람과 집 없는 사람을 갈라쳐서 '집이 없는 사람은 임대인 횡포에 좀 시달려 봐라' 해가지고 자기들이 힘없고 가난한 서민과 노동자의 정당이라며, 누워서 선거 때마다 표를 받기 위해 만들어 놓은 구도"라고 주장했다. 이게 말이나 되는 소리인가? 하물며 한 나라의 대통령 선거에 출마한 자가, 이렇게 무식하기 짝이 없는 발언을 낯빛조차 바꾸지 않고 내뱉을 수 있는가? 이는 그가 국민을 얼마나 무시하고 있는지, 국민을 얼마나 바보로 여기는지 알 수 있는 단적인 사례이다.

(3) 몇 가지 패배의 요인들

이번 대선 패배의 요인들을 종합적이고 체계적으로 분석하는 것은 민주당과 전문가의 몫이다. 나는 그럴 만한 능력이 없다. 패배한 것은, 이유야 어찌 되었든 문재인 정부가 국민들에게 좋은 평가를 얻지 못한 점과 이재명 캠프나 민주당의 선거전략의 문제로 나누어 생각해볼 수 있을 것이다. 여기에서는 다만 내가 선거 과정에서 "이건 아닌데!"라고 느꼈던 점들을 몇 가지만 짚어보려 한다.

1) 2030세대의 이반

2020년의 제21대 총선과 2022년의 제20대 대선의 투표 성향을 비교해보면, 2030세대가 민주당에서 대거 이탈했음을 알 수 있다. 제19대 대선의 경우 다자구도여서 이번 대선과 직접 비교하는 것은 큰 의미가 없을 것 같아 제21대 총선 결과와 비교해보았다. 물론 총선과 대선을 직접 비교하는 것은 무리가 있고, 또 출구조사이기 때문에 100% 정확한 수치는 아니지만, 참고로 삼을 근거는 된다고 생각한다. 두 선거에 대한 KBS, MBC, SBS 방송 3사의 출구조사 결과를 보면 다음 표와 같다.

	성별(예상투표율)	2020년 제21대 총선 득표율		2022년 제20대 대선 득표율	
		더불어민주당	미래통합당	이재명	윤석열
만18세	남·여	62.3	24.6		
20대 이하	남(62.6)	47.7	40.5	36.3	58.7
	여(68.4)	63.6	25.1	58.0	33.8
30대	남(67.0)	57.8	33.0	42.6	52.8
	여(71.8)	64.3	26.5	49.7	43.8
40대	남(70.1)	65.0	26.5	61.0	35.2
	여(70.7)	64.2	27.3	60.0	35.6
50대	남(81.4)	50.8	40.1	55.0	41.8
	여(82.4)	47.5	43.8	50.1	45.8
60대	남(89.4)	31.8	59.7	33.9	63.3
	여(80.2)	33.5	59.5	31.8	66.0
70대	남			25.6	72.5
	여			30.7	67.8

(* 2020 총선의 경우 70대 이상은 60대에 포함되었으며, 2022년 대선의 경우 만 18세는 20대 이하에 포함됨. 단위는 %)

이 수치를 보면, 이번 대선에서는 그동안 모든 선거에서 민주당의 고정 지지층이라고 여겨져 왔던 20~40대에서 큰 변화가 있었다. 2030세대 남성의 경우는 오히려 큰 차이로 역전이 이루어졌고, 여성의 경우도 격차가 크게 좁혀졌으며, 40대의 경우도 격차가 많이 좁혀졌음을 알 수 있다. 제20대 대선의 전체 투표율이 77.1%인데, 40대의 투표율은 70% 정도인 반면, 60대 이상의 투표율은 80%를 훨씬 뛰어넘고 있다. 2030세대의 역전된 지지율 못지않게, 40대의 투표율이 저조한 것이 매우 뼈아프게 느껴진다. 위의 표에서 40대의 투표율과 이재명의 득표율을 감안하면, 40대의 투표율이 5%만 높았더라면 역전이 가능했다.

민주당은 분명히 2030세대에 대해 제대로 대비하지 못했다. 그들이 설마 꼰대 중의 상꼰대 정당인 국민의힘을 지지하지는 않을 거라고 방심했던 것은 아닐까? 이준석이 국민의힘 대표로 당선될 때부터 이러한 징후들은 나타났고, '꼰대' 홍준표가 이들로부터 열광적인 지지를 받을 때 정신을 바짝 차리고 대비해야 했음에도 그러지 못했다. 이준석과 국민의힘은 이 틈새를 노려, 민주당에게 '페미 정당'이라는 이미지를 덧씌우면서 여성가족부 폐지 같은 공약들로 이대남의 지지를 얻어내는 데 성공했다. 2030을 통째로 '먹는' 것은 쉽지 않다고 판단하고, 젠더 갈등을 조장하는 비열한 방법으로 절반의 성공을 거두고 있었다. 민주당은 선거운동 국면에 접어든 뒤에야 부랴부랴 이대남들을 위한 공약을 개발하여 발표하고, 이들을 대표하는 인물들을 영입하면서 이를 만회하려고 했지만 역부족이었다. 그렇다고 이대녀들의 확고한 지지를 얻어내지도 못했다. 국민의힘과 윤석열 측에서는 이재명 후보의 '형수 욕설' 문제와 오거돈·박원순 시장의 '성추행 스캔들'을 거론하면서 끊임없이 2030여성들에게 민주당은 '성추행 정당'이라는 이미지를 주입시킴으로써 이들을 민주당과 격리시키려고 노력했다.

국민의힘을 꼰대 정당이라고 비판하던 민주당이 어느새 젊은이들에게 진짜 꼰대 정당으로 인식되고 있었던 것이다. 이번의 교훈을 잘 되새겨서, 이들에 대해 연구하고, 이들의 생각과 요구를 읽는 장치를 마련해야 한다. 이들은 매우 민감한 세대여서, 기존의 패러다임으로 접근하면 또 외면당할 수밖에 없다. 끊임없이 젊은 피를 수혈하여 생각과 요구를 읽고 소통할 수 있어야 한다.

2) 이슈 선점의 실패

선거 과정에서는 이슈를 선점하여 주도하는 것이 매우 중요하다고 생각한다. 스포츠로 말하면, 자신이 주도적으로 끊임없이 공격을 가하여, 상대방으로 하여금 수비하느라 정신을 못 차리게 해야 하는 원리와 같다고 본다. 선거 초반에는 이재명 후보가 이슈를 선점하고 있었다. 공약과 정책에서는 "기본소득" "기본주택" "기본금융" 등으로 이어지는 "기본" 시리즈가 주도했고, 네거티브 소재로는 윤석열 후보 본인의 각종 수사 무마 의혹을 비롯해, '무속' 논란과 김건희 씨의 허위 이력 논란과 도이치모터스 주가 조작 혐의, 장모의 부동산 투기 논란 등 이른바 "본부장" 비리가 차고도 넘쳤다. 그러나 2021년 8월에 '대장동' 이슈가 제기된 이후로는, 조중동이 국민의힘의 허위 주장조차 검증도 없이 앞장서서 보도해주면서, '대장동'이 모든 이슈를 삼켜버렸다. 그리고 이것을 차단하기 위해서였는지는 몰라도, 이재명 후보 측에서 "앞으로는 네거티브를 하지 않겠다. 정책 선거를 하자"고 제안했다. 그러나 국민의힘은 그런 이성적인 집단이 아니다. 이는 쇠귀에 경 읽는 격이었다. 정책이 없는 그들이 구사할 수 있는 것은 오로지 네거티브뿐이었는데, 이 제안을 그들이 받아들이겠는가. 김건희의 '역대급' 비리들을 오히려 대대적으로 공격하여, 대장동에 대한 왜곡 선전을 차단했어야 한다. 상대방의 사소한 잘못을 부풀리거나 거짓을 말하는 게 네거티브지, 김건희 씨의 범죄 혐의처럼 중대한 사실을 알리는 게 네거티브라고 할 수는 없다. 이는 결국 민주당의 선거전략에서의 실패라고 할 수 있다. 이번 선거를 지배한 이슈는 이낙연 측에서 제기하고 국민의힘이 우려먹은 '대장동'뿐이었다고 할 수 있다.

3) 선전과 홍보 전략의 실패

이번 선거 패배의 결정적인 요인 중 하나는 바로 대장동에 대한 윤석열과 국민의힘의 거짓 선전 선동을 방어해내고, 그 실체적 진실을 유권자들에게 알리는 데 실패했기 때문이다. 선거 막판까지 '대장동 사건'의 책임을 묻는 여론조사에서 항상 이재명 후보의 책임이라는 응답은 50%를 웃돌았고,

윤석열의 책임이라는 응답은 30%대에 머물렀다. 저들이 마구잡이로 내뱉는 대장동 진실의 왜곡과 물량 공세를 차단하지 못했기 때문에 판세를 뒤집지 못했다. 부산저축은행 불법 대출사건 수사 무마에서 시작된 대장동의 진실만 제대로 알릴 수 있었다면 선거는 이길 수 있었다.

후보 혼자서 토론회에서 열심히 반박하고 진실을 알리려 했지만, 주어진 그 짧은 답변 시간에 그 복잡한 내용을 잘 설명을 할 수는 없었다. 물론 민주당에서도 노력을 했겠지만, 유권자들에게 그러한 노력이 전달되지는 못했다. 이러한 사실을 깨닫고 민주 진영의 많은 민간 유튜버들이 그야말로 총력을 다해 진실을 전달하려 했지만, 그 유튜브를 보는 사람들은 어차피 민주당과 이재명을 지지하는 사람들이었다. 당 차원에서 효율적인 방안을 찾아 해결하지 않으면, 민간 유튜버들이 할 수 있는 데에는 한계가 있었다.

선전과 홍보 전략 문제는 후보 지지도 여론조사에서도 그대로 노정되었다. 선거 결과가 말해주듯이, 선거 과정 내내 피부로 느끼는 지지율 격차는 분명히 박빙이거나 이재명이 우세한 것 같은데, 많은 여론조사 수치들은 계속 윤석열이 크게 이기는 것으로 발표되었다. 모든 여론조사가 그러지는 않았겠지만, 여러 언론사나 여론조사 기관들은 질문 내용이나 조사 방식 및 조사 시간 등에서 의도적으로 윤석열에게 유리하도록 설계했음이 사실로 밝혀졌다. 이런 여론조사 결과가 반복해서 계속 보도되자, 당연히 부동층의 투표 성향에 영향을 미칠 수밖에 없다.

그 밖에도 이재명 후보의 여러 장점들을 많이 알리지 못했고, 윤석열 김건희 부부의 온갖 약점들을 효과적으로 홍보와 선전에 활용하지 못한 아쉬움이 남는다. 이번 일을 교훈으로 삼아, 다음 선거에서는 국민의힘의 막가파식 거짓 선전 선동과 이들의 나팔수 역할을 충실히 하는 조중동 종편이라는 괴벨스들을 물리칠 '비법'을 강구하지 않으면 안 될 것이다.

(4) 이재명의 앞날

이재명은 유능한 정치인이 아니라, 유능한 지도자감이다. 그를 이대로 잃는 것은 진보 진영뿐 아니라 나라 전체를 위해서도 불행한 일이다. 노무현을 잃고 나서야 그가 좋은 지도자였다는 것을 많은 사람들이 인정하고 있듯이 말이다. 그는 좋은 지도자가 될 요소들을 골고루 갖췄다. 찢어지게 가난한 집안에서 태어나, 소년공으로 일찍부터 한국 사회의 어려움을 다 경험했고, 이를 혼자의 힘으로 이겨냈다. 그래서 그의 삶의 서사에는 감동이 있다. 그래서 그는 인간미가 있다. 그래서 그는 슬픔과 기쁨을 공감할 줄 안다. 지도자의 매우 중요한 덕목들이다. 소년공으로 공장에 취업하는 일에서부터, 검정고시를 준비하고, 대학에 들어가고, 인권변호사가 되고, 시민운동가가 되고, 시장이 되고, 도지사가 되고, 대통령 후보가 되기까지, 바로 오늘날의 그가 있기까지 그는 혼자서 수많은 일들을 판단하고, 결정하고, 실행해야 했다. 그는 그 과정에서 별다른 실수가 없었다. 그래서 그는 일을 할 줄 안다. 일을 잘 할 줄 안다. 그래서 그는 지도자가 될 자질을 갖췄다.

그럼에도 불구하고 그는 0.7%차, 24만 7천여 표가 부족해서 패배했다. 그렇다면 이재명은 재기할 수 있을까?

그는 1964년 12월생으로, 올해 만 57세의 젊은 나이다. 다음 대선에 출마한다면, 그때 그의 나이는 고작 62세에 불과하다. 생물학적 나이로 보면 그에게 한두 번의 기회는 더 올 수 있다.

정치적으로는 어떤가? 그는 이번 대선에서 패배했다. 그것은 그의 이력에 매우 불리한 스펙이다. 다시 출마할 수 있기 위해서는 그 이력을 커버할 만한 새로운 뭔가를 보여줘야 한다. 그러나 그는 비록 패했지만, 매우 불리한 구도 속에서도 그야말로 "깻잎 한 장"의 미세한 차이로 낙선함으로써, 다음에 출마할 명분을 완전히 잃었다고 할 수는 없다. 또 선거 과정에서 지금까지 그에게 덧씌워져 있던 부정적인 강성 이미지를 일정 부분 씻어내고 인간미 넘치는 모습을 대중에게 각인할 수도 있었다. 만약 다음 대선에 다시 출마할 수 있다면, 그는 과거에 그를 괴롭혔던 여러 가지 굴레를 어느 정도 벗어던지고 나설 수 있다. 그는 이번 대선에서 완전히 까발려졌기 때문에, 이후에 새로운 악재를 만들지만 않는다면, 네거티브로부터 비교적 자유로워질 수 있다. 또 그의 57년 동안의 감동적인 인생 서사를 많은 이들에게 알릴 수도 있었다. 이는 이재명이 재기하는 데에는 매우 긍정적인 요소들이다. 김대중 대통령은 덧씌워진 강성 이미지와 "빨갱이" 프레임에서 벗어나는 데 30년이나 걸렸다. 뿐만 아니라, 국회의원 경력이 없는 그는 이번 선거를 통해 원내에 '이재명 계보'를 형성하는 데에도 성공했다.

마지막으로 내가 눈여겨보는 것은, 선거 막판부터 그에게는 2030여성들이 주축을 이루는 열성적인 팬덤이 생겨났다는 것이다. 온라인상에서 적극적으로 정치적 의사표시를 하는 전사인 이른바 "개딸"들이다. 이들이 앞으로 이재명에게 어떤 에너지로 작용할지는 아직 더 두고 봐야 하지만, 매우 소중한 자산이 될 것으로 보인다. 이들은 우리나라 최초의 정치인 팬덤이라고 할 수 있는 노사모와는 다른 속성을 가졌다. 노사모도 자발적으로 탄생한 팬덤이지만, 오프라인 조직으로, 전국적인 조직망을 갖춘 거대한 조직이 되면서 부작용이 나타나기도 했다. 그러나 이들 "개딸"들은 체계적인 조직에 따라 움직이는 게 아니고, 앞으로도 그렇게 조직화하는 게 불가능한 팬덤이라는 것이다. 이들은 온라인상에서 상호 소통하면서 정치적 의제뿐 아니라 매우 소소한 생활 밀착형 의제들까지 만들어내고, 순수하게 개인의 자발적인 의지에 따라 온라인이나 오프라인 집회에 참석하여 적극적으로 의사표시를 하는 새로운 형태의 시민 행동이다. 열성적 팬덤은 순기능과 역기능이 있으니, 이는 이재명 자신이 이들과 어떻게 관계를 맺을 것인가에 대해 고민해야 할 대목이다. 어쨌든 이는 대중 정치인에게는 매우 소중한 자산이다. 이런 것들이 이번 대선에서 이재명이 패배라는 쓰라린 대가를 지불하고 얻은 소득이라면 소득이다.

그렇다면 그가 재기하여 차기에 다시 출마하기 위해서는 향후 5년을 어떻게 이용해야 할까? 나 같은 평범한 시민이 그 거대한 담론에 대한 답을 내놓는다는 것은 무모하기 짝이 없는 일이다. 하지만 나의 소박한 생각을 정리해 보면 다음과 같다.

민주당은 선거에 패배한 뒤 곧바로 비대위 체제로 개편했다. 그리고 당내 일각에서 이재명에 대해 국회의원에 출마해야 한다, 서울시장에 출마해야 한다, 당 대표에 출마해야 한다는 주장들이 제기되고 있다. 비대위원장에 추대해야 한다는 주장도 제기되었다. 지방선거가 3개월도 채 남지 않은 상황에서 조급한 마음에 이런저런 의견들이 제시되고 있지만, 너무 이르다. 숨은 좀 돌리자! 서두르면 다치는 법이다. 이재명 스스로도 너무 조급하게 생각하면 안 된다. 권토중래하면서 철저히 준비해야 한다. 너무 서두르지 말고 선거 패배에 대한 반성과 내일을 준비하면서 차분히 기다리면, 반드시 민주당에서 다시 그를 필요로 할 때가 머지않아 도래할 거라고 확신한다. 하지만 그가 재기하기 위해서는 많은 난관들을 이겨내야 한다. 그 난관들이란 어떤 것들일까?

첫째, 당내 경쟁자들이 호락호락 두 번씩이나 후보 자리를 넘겨주지는 않을 것이다. 아마 이낙연 후보도 차기를 노리고 있을 것이다. 송영길, 추미애, 김두관, 박용진 등 172명의 의원들 중에는 잠룡들이 수두룩하다. 그들과 다시 경쟁해야 한다. 그때 이번 패배에 대한 책임론은 상당히 큰 핸디캡이 될 것이다. 만약 다음 대선에서도 다시 이낙연과 대결이 이루어질 경우, 또 이낙연을 꺾고 후보가 되었을 경우를 상상해보자. 경선 과정은 더 거칠어질 것이고, 둘의 관계는 돌이킬 수 없을 만큼 악화될 수도 있다. 그리고 이낙연이 승복한다 해도, 과연 호남의 표심이 이번 대선만큼 절대적인 지지를 보낼 것인가도 큰 변수가 될 수 있다. 이번 경선 과정에서 우호적인 토론을 벌였던 추미애나 김두관이 다음에도 그러지는 않을 것이다. 특히 박용진의 경우 정체성이 이재명과는 많이 다르다. 박용진은 분명 다음 대선을 노리고, 이번에는 몸풀기 차원에서 출마했을 것인데, 그가 경선 과정에서 보여준 색깔은 기존의 민주당과 많이 달랐다. 그의 공격은 이번의 이낙연 못지않을 것이다.

둘째, 윤석열 정권에 의해 정치적 탄압을 견디고 이겨낼 수 있을 것인가이다. 윤석열은 취임하면 이재명을 비롯한 민주당의 유력한 차기 주자들에 대해 대대적인 사정을 벌일 것이다. 윤석열 당선인은 후보 시절부터 이미 그럴 의도를 거리낌없이 밝혔고, 당선되자마자 "부정부패 진상 규명은 꼼수 없이 해야 한다"고 천명했다. 이는 바로 '대장동 사건' 등을 염두에 두고 한 말이다. 윤석열이 대대적인 사정을 통해 정적들을 사법적으로 고사시킬 수밖에 없는 이유는 크게 두 가지이다. 하나는 여당인 국민의힘이 야당인 민주당에 비해 절대적인 소수당이라는 약점 때문이다. 대통령 윤석열은 의회의 비준이 필요한 사안은 민주당의 협조 없이는 단 한 가지도 처리할 수 없는 허약한 대통령이다. 그 약점을 커버하기 위해 특수부 검사 출신인 그는 한동훈 등 특수부 출신 측근 검사들을 통해, 대검찰청 캐비닛 속에 있는 파일들을 활용할 가능성이 있다. 유신 시절이나 5공 때의 정치공작이 횡횡할지도 모른다. 다른 하나는 그가 도덕적·법적으로 엄청난 약점을 가진 사람이라는 점이다. 역설적이게도 가장 공정하지도 않고 상식적이지도 않은 그가 출마의 변으로 "공정과 상식"을 내세운 것은 그의 약점을 그가 알고 있기 때문이었을지도 모른다. 만약 그가 정권 재창출을 하지 못하고 임기를 마쳤을 경우, 검사 시절에 그가 저질렀던 온갖 비리 의혹들과 처가의 비리들이 봇물 터지듯 불거져 나올 것이다. 검찰 내부에서부터 제21대 대통령에게 충성 경쟁을 위한 제보가 잇따를 것이다. 그는 제2의 이명박 신세가 되지 말라는 법이 없다. 그의 불안한 심리 때문에 취임 초부터 정권 재창출을 위해 포석을 깔기 시작할 것이다.

셋째, 그가 여당 대선후보가 될 수 있었던 것은 성남시장과 경기도지사로서의 유능한 행정 수완이 민주당원과 국민에게 크게 어필했기 때문이다. 그러나 이제 그는 야인이다. 그것도 야당 소속이다. 그가 앞으로 국민에게 보여줘야 하는 것은 이제 정치력이다. 앞으로 5년 동안 그가 정치력을 발휘하기 위해서는 일단 민주당에서 역할을 찾을 수밖에 없다. 국회의원이 되는 길도 있지만, 국회의원은 앞으로 2년 후에나 될 수 있다. 그때 국회의원이 된다 하더라도 고작 2년여 동안만 국회의원으로 활동한 후에는 다시 대선 국면이 되기 때문에 능력을 발휘하는 데에는 시간이 너무 부족하다. 만약 당대표가 된다 하더라도 의회 경험이 없는 그가 당 대표를 성공적으로 수행한다는 보장도 없거니와, 이낙연계 의원들로부터 강력한 견제를 받아 오히려 역효과를 불러올 수도 있다. 어려운 대목이다.

이번 선거에서 이재명은 잘 싸웠지만 패배했다. 선거에서 패배한 책임은 1차적으로 후보에게 있다. 아무리 마타도어가 난무하고 불법과 편법이 판치는 선거였더라도, 언론 지형이 아무리 불리한 선거였더라도, 패배의 가장 큰 책임은 후보에게 있다. 이미 실현 가능성이 없어지긴 했지만, 대선이 끝난 뒤 며칠도 지나지 않은 시점에, 이번 지방선거에서 서울시장에 출마해야 한다고 주장하는 사람이 있었는데, 이는 이재명을 살리는 길이 아니고 죽이는 길이다. 3개월 전에 대선에 출마하여 간발의 차이로 낙선한 사람이, 급을 낮춰 서울시장에 출마한다고? 이는 이재명을 안철수의 길로 떠미는 것과 다름

없다. 이런 발상 자체가 한심할 따름이다. 내 생각에는 이번 지방선거는 비대위 체제로 치르고, 지방선거 후에 어차피 당을 재정비할 때 당의 요구에 따라야 한다고 생각한다. 이제 이재명이 정치인으로서 존재감을 보일 수 있는 공식적인 길은 민주당에서 역할을 맡는 길 외에는 없다. 이번 대선 과정에서 이재명이 얻은 또 하나의 수확이라면, 21대 국회에서 180석 가까운 의석을 갖게 해주었는데도 지리멸렬했던 민주당에 실망했던 지지자들도, 민주당은 못 믿겠지만, '이재명의 민주당'이라면 믿어보겠다는 신뢰를 갖게 되었다는 점이다. 그러나 만약 이재명이 당 대표가 되더라도, 절대로 무리하게 차기에 대한 욕심을 부려서는 안 된다. 차기에 출마하지 못할 수도 있다는 자세로 마음을 비우고 임해야 한다. 절대적으로 당을 위해 헌신하는 모습을 보여야 한다. 그러다 보면 자연스레 기회가 오는 것이지, 당 대표의 프리미엄을 자신의 차기 출마를 위해 이용한다는 이미지를 주면, 그는 차기에 대선 후보가 된다 하더라도, 민주당 지지자들의 흔쾌한 지지를 끌어내기 어려울 것이다.

그리고 만약 이번 지방선거에서 민주당이 선전한다면 윤석열의 폭주를 견제하는 브레이크가 될 것이고, 차기 대선에 유리한 지형이 형성된다는 점에서 민주당에게 좋다. 그러나 만약 지방선거에서 참패한다면 민주당에게는 엄청난 악재이지만, 이재명 등판론이 자연스럽게 부상할 가능성이 있기 때문에 이재명에게는 생각보다 기회가 일찍 찾아올 수 있다. 이재명을 위해서가 아니라, 나라를 위해서, 민주당을 위해서, 후자의 상황이 발생하는 것은 반드시 막아야 한다. 이재명은 위기 국면에 맞는 리더십의 소유자이다. 그의 리더십이 빛을 발할 때를 대비하여 준비는 하되 조급하게 서두르지는 말자.

민주당

나에게는 미운 정 고운 정 다 든 40년 지기가 한 놈 있다. 이 친구는 사람은 좋은데 사업수완이 변변찮아, 지금까지 이렇다 할 큰돈을 벌어본 적이 없다. 결혼할 때 부모가 물려준 얼마 안 되는 재산마저 다 탕진하고, 결혼 후에 처자식을 죽도록 고생만 시키던 놈이다. 그런데 20여 년 전쯤 사업이 운대가 맞아 제법 목돈을 벌었다. 한동안 사업이 번창하자, 이 녀석은 가끔씩 카지노에도 다니고, 룸살롱에도 다니면서 돈을 헤프게 쓰기 시작했다. 그렇게 한 10년 정도 그럭저럭 돈을 좀 모으나 했더니, 사람만 좋았지 계산이 치밀하지 못하고 성품이 무른 탓에, 10년간 모은 재산을 하루아침에 모조리 사기꾼에게 넘겨주고 말았다. 그 후로 그 사기꾼과 기나긴 민사소송에 들어갔다. 그 친구 아내는 살림하면서 식당에 나가 주방일을 하면서 돈을 벌었고, 아들과 딸은 아르바이트를 하여 스스로 학비를 벌었다. 이 녀석은 사기꾼에게 재산을 다 빼앗기고 소송에 몰두하느라 곤궁하기가 이를 데 없었다. 가끔씩 나를 찾아와 손을 내밀면, 그래도 친군데 야박하게 굴 수가 없어서, 큰돈은 못 도와줬어도 사정이 허락하는 한도 내에서 떼이는 셈 치고 도와줬다. 또 잊을 만하면 4, 5년마다 습관적으로 찾아와서 매번 "이번 한 번만 더 도와달라"고 하는 게 얄미워서 더는 도와주지 않으려고 했다. 그런데 다행히도 이 녀석은 한 10년 가까이 벌여온 민사소송에서 그 사기꾼에게 승소하여, 사기당한 돈을 일부나마 되찾을 수 있게 되었다. 그게 지금으로부터 약 5년 전쯤 일이다.

그리고 나서 2년쯤 후에 이 친구놈이 또 나를 찾아왔다. 좋은 아이템이 있어 사업을 다시 시작하는데, 자금이 좀 부족하니 이번 한 번만 더 도와달라는 것이었다. 다른 회사에서 과장으로 근무하던 매우 유능한 놈도 이사로 영입했고, 아이템도 좋아 몇 달 후부터는 돈이 돌 테니, 곧 갚겠다며 철석같이 약속을 하기에 한 번 더 속는 셈 치고 노후 자금으로 쓰려고 모아둔 돈을 모조리 빌려줬다. 그리고 사업이 그럭저럭 굴러가는 듯하더니 갑자기 코로나 사태가 터지는 바람에 또 어려워지자, 이놈은 제 마누라가 식당일을 하면서 푼푼이 들어온 적금도 해약하게 하고, 이놈의 착실한 아들이 집 장만하려고 모아둔 돈, 야무진 딸이 결혼하려고 모아둔 돈까지 모두 회사에 투입한 덕분에, 그래도 적자는 모면하면서 근근이 유지해 나간다고 했다. 그런데 이번에는 바로 유능하다는 소문을 듣고 영입한 그 이사놈이 어느 날부턴가 사사건건 회사 일에 트집을 잡으며 사장에게 대들기도 하고, 회사 공금을 빼돌리면서 농간을 부리더니 회사를 통째로 삼켜버리고 말았다. 나는 이놈에게 노후 자금을 고스란히 날렸고, 이놈 처자식들도 하루아침에 빈털터리가 되고 말았다. 이 친구놈을 믿은 내가 잘못이지만, 나는 앞으로도 이 친구놈을 어찌해야 할지 고심 중이다. 이 40년지기의 이름은 '주당'이고 성은 '민'씨이다.

(1) 민주당은 왜 패배했는가?

아직도 민주당 의원들은 왜 이번 대선에서 패배했는지를 잘 알지 못하는 것 같다. 매번 선거에 패배한 뒤에 거리에 "잘못했습니다" "저희가 부족했습니다" 따위의 현수막을 걸 게 아니라, 뭘 잘못했는지, 무엇이 부족했는지에 대해, 토론도 하고, 당원들의 의견도 수렴하여 제대로 파악하려는 노력을 하

라. 제21대 총선에서 국민이 절대다수의 의석을 몰아준 이유가 무엇인지를 잘 따져보기 바란다.

거듭 말하지만, 이번 대선에서 민주당이 패배한 것은 개혁의 실패가 원인이다. 나는 분명히 언론 개혁의 실패가 이번 대선 패배의 가장 큰 원인이라고 생각한다. 언론 개혁의 실패가 구청장 자질도 없어 보이는 후보를 이 나라 대통령으로 만들었다. 아파트값 급등이 패배의 1차 원인이라고 하지만, 나는 그렇게 생각지 않는다. 물론 아파트값을 잡지 못한 것도 패배의 큰 요인이지만, 아파트값이 안정되었거나 하락했다면, 조중동 종편이 잘했다고 했겠는가? 또 부동산 경기가 살아나지 않는 것을 트집 잡아 국민은 선동하고 현혹했을 것이다. 조중동 종편의 기레기와 사주들은 아파트값 인상으로 재산이 많이 늘었다는 것을 모르는가? 문재인 정부의 경제·문화·군사적 성과들에 대해서 제대로 보도하는 기사를 본 적이 있는가?

다음으로는 무소불위의 검찰을 통제하지 못했기 때문이다. 검찰 개혁의 실패가 윤석열이라는 괴물을 만들어냈다. 수사권을 완전히 박탈하여 수사와 기소를 분리했더라면, 윤석열이라는 어설픈 대통령은 탄생할 수 없었을 것이다. 개혁된 검찰이 윤석열 일가의 "본부장" 비리를 공정하게 수사했다면 윤석열은 절대로 대통령이 될 수 없었다.

결과적으로 개혁의 실패가 곧 대선 패배의 원인이다. 민주당은 분명히 깨달아야 한다. 무리한 개혁 때문에 중도층이 돌아선 게 아니고, 개혁의 방식이 세련되지 못했고, 의원 자신들도 개혁에 대한 철학이 빈곤했고 비전이 불확실했기 때문에, 국민에게 개혁을 하면 어떤 이익이 돌아가는지, 즉 개혁의 결과에 대한 믿음을 주지 못했기 때문에 개혁이 실패했다. 그리고 개혁에 실패했기 때문에 대선에 패배했다.

(2) 민주당은 무엇을 해야 하는가?

민주당은 대선 패배 직후 발 빠르게 비대위 체제로 전환했다. 그런데 이번 비대위의 구성을 보면, 윤호중 의원과 20대 여성운동가인 박지현 씨가 공동 비대위원장을 맡고, 조응천·이소영 의원, 배재정·채이배 전 의원, 청년 창업자 김태진 동네줌인 대표, 권지웅 전 청년선대위원장 등이 비대위원을 맡았다. 정치 경험이 전혀 없는 젊은 청년들과 '중도 성향'의 전·현직 의원들로 비대위를 꾸렸다. 청년 정치 신인들을 많이 포함시킨 것은 당을 젊게 만들고, 젊은 층의 지지를 얻기 위해서도 잘한 것 같다. 그런데 전·현직 의원들은 대부분 계파색이 약한 중도 성향의 의원들이고, 배재정 전 의원은 이낙연 전 후보를 배려한 것일 터이다. 개혁 성향의 인물은 찾아볼 수 없다. 아무래도 '중도층'을 의식한 구성이 아닌가 싶다. 아직도 대선 패배의 원인을 착각하고 있는 듯하다. 그 알량한 개혁 때문에 중도층이 돌아섰다고 판단하는 것 같다. 그렇다면 대단한 착각이다.

그리고 비대위는 활동을 개시 후 첫 회의를 광주로 가서 열었다. 나는 이것도 적절한 행동이었는지 의문이다. 굳이 지방으로 가서 회의를 하려면, 차라리 대구로 가든가, 동해안 산불 지역에 가서 하는 게 더 낫지 않았을까 싶다. 대선에서 절대적 지지를 보내준 호남 지역에 대한 배려라고 생각했을 것 같은데, 호남인들이 그러한 행동을 반겼을까? 윤호중 위원장의 지도력에 의문을 갖게 된다. 그는 법사위원장과 원내대표로서 제대로 리더십을 발휘하지 못했다. 개혁 입법이 지지부진한 책임에서 벗어나기 어렵다. 또 조응천 위원은 민주당 내에서 검찰 개혁을 비롯해 개혁에 가장 비판적이었던 사람이다. 비대위가 올바른 방향으로 갈지 매우 우려스럽다.

어쨌든 민주당은 9년 만에 되찾아온 정권을 5년 만에 다시 빼앗겼다. 이

제 야당이 되었으니, 5년 후에 다시 정권을 되찾아오려면 무엇을 해야 하는 가? 좋은 정책 대안을 제시하여 국민으로부터 다시 지지를 받는 일은 당연한 일이다. 그런 당연한 일이 아니라, 이번 선거 과정에서 내가 느낀 점을 바탕으로, 민주당에게 몇 가지를 요구하고자 한다.

1) 민주당 의원들이 지금 당장 가장 먼저 해야 할 일은 조중동을 절독하는 일이다. 종이신문뿐 아니라, 포털에서도 절독하라. 그것들을 안 본다고 의정활동을 하는 데에도, 일상생활을 하는 데에도 전혀 지장이 없다. 조중동의 사설과 각종 '칼럼'들은 전부 당신들을 위축시키고 협박하는 내용들이라, 당신들은 그걸 읽고 나면 불안하고 초조해질 것이다. 그게 바로 조중동의 마법에 걸려 있다는 반증이다. 조중동의 마법에서 깨어나 제정신으로 돌아가지 않으면 민주당은 절대 개혁을 할 수 없다. 당신들은 조중동의 마법에서 깨어나지 않는 한 180석이 아니라 200석을 줘도 개혁을 할 수 없고, 영원히 조중동에게 끌려다니면서, 선거 때마다 이번처럼 힘든 싸움을 해야 한다. 〈조선일보〉가 민주당 대선 후보로 선출될 것이 거의 확실시되던 이재명 민주당 경선 후보의 이른바 '대장동 의혹'을 계속 왜곡 보도하자, 이재명 민주당 경선 후보는 2021년 9월 14일에 〈조선일보〉를 향해 이렇게 일갈했다. "언론의 선거 중립 의무를 상기하고 정론직필하며, 경선과 대선 개입을 중단하라." 이게 바로 조중동 종편의 현주소인 것이다.

조중동은 당신들의 이성에만 마법을 건 게 아니다. 바로 당신들이 말하는 그 중도층에게도 마법을 걸기 위해 끊임없이 시도하고 있다. 예전에는 "민주당은 좌파 빨갱이 집단이다"라는 색깔론으로 그들을 협박하여 민주당에게 등을 돌리도록 만들었는데, 깨어 있는 민중이 더 이상 속아 넘어가지 않자, 이제는 그들도 수법을 바꾸었다. 사실과 거짓을 적절한 비율로 섞어서 그들이 민주당을 지지하지 못하게 만들고 있다. 그렇다면 어떻게 해야 하는가? 조중동이 그런 비열한 짓을 못 하도록 개혁을 해야 하지 않는가? 그러나 언론 개혁법안 앞에서도 당신들은 그 악마의 마법에 걸려 있기 때문에 그들의 눈치를 보며 제대로 개혁을 추진하지 못한 것이다. 언론 개혁법이라고 만들어 놓은 법안의 꼬라지를 한번 다시 읽어보기 바란다. 그 정도로 그들의 "버르장머리"를 고쳐놓을 수 있겠는가?

 2) 개혁이 무엇인지, 개혁을 하면 국민에게 어떤 이익이 있는지에 대해 철저히 인식하라. 개혁에 대한 철학을 정립하라. 민주당 의원들은 개혁에 대한 철학과 비전이 없다. 그러므로 개혁을 하면 뭐가 어떻게 좋아지는지, 국민에게 어떤 이익이 돌아가는지에 대한 확신이 없다. 그러니 개혁 앞에만 서면 주저하고 망설인다. 혹시 역풍이 불지는 않을까? 중도층이 돌아서지는 않을까? 그러면 다음 총선에서 내가 낙선하지는 않을까? 이런 두려움에 주눅들어 있다. 민주당 의원들의 상당수가 조중동에 순치되어 있기 때문이다. 민주당을 비판하는 조중동의 사설과 칼럼을 보면 그들은 깜짝깜짝 경기를 일으킨다. 감히 이들조중동에게 '항거'할 엄두를 못 내는 것이다. 암 환자가 암 덩어리를 제거하는 수술이 무서워서 수술을 미루는 격이다. 개혁을 확실히 하지 않으면, 당신들은 영원히 조중동의 손아귀에서 벗어날 수 없다. 개혁을 제대로 하여 국민이 실제로 개혁의 성과를 체감하는 순간, 당신들의 재선은 보장된다는 사실을 깨닫기 바란다.

 개혁과 혁명은 방식에는 차이가 있을 뿐, 그 목표는 똑같다. 힘이 있을 때, 전광석화처럼 밀어붙여야 한다. 그러지 않으면 반드시 역풍이 분다. 즉 '반동'이 오게 되어 있다. 우리가 윤석열에게 배울 점이 딱 한 가지 있다면, 바로 밀어붙일 때는 앞뒤 안 보고 밀어붙이는 점이다. 그가 저렇게 무지하고 부도덕함에도 불구하고 대한민국의 대통령이 될 수 있었던 것은 바로 그 무자비한 '돌파력' 때문이었다.

개혁에 대한 확실한 철학과 비전이 있어야만, 과감하게 개혁을 추진할 용기가 생기는 법이다.

3) 중도층에 대한 잘못된 인식과 강박관념에서 탈피하라. 선거에서 패한 뒤에는 항상 무리한 개혁을 밀어붙여서 중도층이 이탈했다는 조중동의 속임수에 넘어가, 개혁을 중단하고 중도를 지향하자는 목소리가 힘을 얻는다. 그리고 중도적인 인물을 영입하겠다고 퇴물들을 접촉한다. 김종인 교수나 김경률 회계사 같은 정체성을 알 수 없는 사람들이 그 영입 대상에 오르내린다. 왜 개혁 때문에 중도가 돌아섰다는 판단만 하고, 개혁이 미진해서 중도층이 이탈했다는 생각은 못 하는가? 조중동의 마법에 걸려 있기 때문이다. 한시바삐 조중동과 절연하고 그 악마들의 마법에서 깨어나라. 그리고 지난 2년의 실패를 거울삼아, 앞으로 남은 2년은 진정한 개혁에 나서라. 윤석열 정권 초반의 2년은 역사가 민주당에게 준 마지막 기회인지도 모른다. 무도한 윤석열 정권의 폭주를 제어할 수 있는 강력한 개혁 입법에 성공하지 못하면, 향후 5년 이내에 민주당은 소멸할지도 모른다. 국민은 바보가 아니다. 제대로 된 개혁을 하면 무리하게 밀어붙였다고 비난하지 않는다.

박용진 의원은 라디오 방송에 출연하여 이렇게 말했다. "민주당은 싸우는 정당이 아니라 이기는 정당이 되어야 한다. ······우리 국회에서 잘 싸우는 정당은 황교안 대표가 이끌었던 자유한국당이었다. 당 대표가 삭발하고, 광화문에서 매일같이 집회하구요, 나경원 원내대표는 빠루 들고 국회를 활보하고 다니지 않았습니까? 그래서 21대 총선에서 폭망했잖아요?" 그러나 싸우지 않고 어떻게 이긴단 말인가? 그리고 황교안의 자유한국당을 예로 든 것은 민주당이 싸움이 무엇인지, 어떻게 싸워야 하는지를 모르고 있다는 반증이다. 누가 광화문에서 삭발하고 싸우라고 했는가? 누가 국회에서 빠루 들고 설치면서 물리적으로 싸우라고 했는가? 국회 과반 의석을 가지고 싸우란 말이다. '싸움'에 대해 저런 천박한 인식을 하고 있기 때문에, 계속 "협치"·"대화"를 금과옥조로 여기면서 개혁을 좌절시키지 않았던가? 지금 민주당이 해야 하는 개혁은 국민의힘과 절대로 타협해서 절충할 수 있는 것들이 아니다. 3분의 2에 가까운 의석으로 합법적인 싸움을 하란 말이다.

4) 선전과 홍보 기능을 정비하여 국민의힘과 조중동의 거짓 선전 선동을 무력화시킬 수 있는 방안을 강구하고 장치를 마련하라. 이번 대선에서의 주요한 패배 요인 중 하나는 선전과 홍보에서 국민의힘의 물량 공세를 막아내지 못한 데 있다. 앞에서도 언급했지만, 국민의힘과 수구 언론이 결합한 막강한 선전 선동 화력을 방어해낼 방책이나 기제를 개발하지 않는 한, 앞으로의 선거에서 민주당은 늘 고전할 수밖에 없다.

(3) 윤석열 정권하에서 치러질 선거들과 민주당

윤석열 대통령의 임기는 2022년 5월 10일부터 2027년 5월 9일까지이다. 이 기간 동안에 재보궐 선거를 제외한 정기 선거는 세 번 치러진다. 금년 6월 1일에 치러지는 제8회 전국동시지방선거와 2024년 4월 10일에 치러지는 제22대 국회의원선거, 그리고 윤석열 정부 말기인 2026년에 치러지는 제9회 전국동시지방선거 등이다. 선거는 모두 중요하지만, 이 중 당연히 앞의 두 차례 선거가 매우 중요하다.

1) 2022년 6월 1일의 제8회 전국동시지방선거는 대선 패배 후 80일 만

에, 윤석열 대통령 취임 후 20일 만에 치러지는 선거다. 정권 초기에는 대체로 국민의 정서가 새 정부에 힘을 실어줘야 한다는 쪽으로 기울기 때문에 야당인 민주당에게는 불리한 구도에서 치러진다. 그러나 빨리 당을 재정비하여 최소한 현재의 광역자치단체장은 지켜내야 한다. 적어도 경기도지사와 인천시장은 지켜내야 한다. 지방 의회는 현재 너무나 압도적인 비율로 민주당이 차지하고 있어서 그대로 지켜내기는 쉽지 않을 것이다. 서울시장을 되찾을 획기적인 공천과 방법도 강구해야 한다. 지금 윤석열 인수위가 우왕좌왕하면서 취임도 하기 전에 권력 놀음에 취해 있어 국민의 반감을 사고 있는 것이 유일하게 민주당에게 유리한 점이다. 공천만 잘 하면 서울시장을 되찾는 일도 불가능하지만은 않다고 생각한다. 그런데 지금 민주당에서는 송영길 전 대표의 서울시장 출마를 두고 찬반 논쟁이 한창이다. 매우 안타까운 일이다. 나는 개인적으로 송영길 전 대표의 출마에 대해 찬성하지 않는다. 그가 물론 지난 대선 과정에서 부상 투혼을 발휘하면서까지 많은 기여를 했지만, 이번 공천은 그런 것에 대한 보은의 대상이 되어서는 안 된다. 좀 더 참신한 인물을 공천하여, 설사 지더라도 젊은 인재를 키우는 과정이 되어야 한다고 생각한다. 그러나 현실적으로 그런 후보가 잘 보이는 않는 것이 아쉽다.

이번 지방선거에서도 민주당이 패배한다면 민주당은 상당 기간 동안 혼란 상태에서 벗어나지 못할 것이다. 그리고 그 틈새를 이용하여 윤석열 대통령과 국민의힘은 개혁을 되돌리기 위해 막가파식으로 퇴행적 국정 운영을 할 것이다. 그렇게 되면 이를 통제하기가 쉽지 않을 것이다.

2) 2024년 4월의 제22대 국회의원 선거는 민주당뿐 아니라, 대한민국 민주주의의 존망을 좌우하는 절대적으로 중요한 선거다. 윤석열 대통령의 초

반 2년은 민주당이 절대다수의 의석을 차지하고 있기 때문에 최소한의 견제 장치는 확보하고 있는 셈이다. 특수부 검사 출신인 그가 민주당에 대해 어떤 '꼼수'를 부릴지 알 수는 없지만, 그것이 그렇게 쉽지만은 않을 것이다. 그러나 만약 2024년에 국민의힘이 과반을 차지하는 원내 제1당의 여당이 된다면, 문재인 정부에서 첫걸음을 뗀 몇 가지 개혁법안들조차도 종잇조각처럼 구겨져 쓰레기통 속으로 내팽개쳐질 것이다. 극단적인 반동으로 나아갈 것이다. 야당인 민주당은 아무것도 할 수 없을 것이다. 민주당은 정신 똑바로 차려야 한다. 이제 야당에는 민주당밖에 없다. 정의당도 현재의 제21대 국회에서는 야당성을 상실하여 힘을 합치기도 쉽지 않아 보인다. 남은 기간 동안 되돌릴 수 없는 개혁 입법에 총력을 다하고, 진정으로 국민을 위한 정책 대안을 마련하여 점수를 따야 한다.

그리고 더욱 중요한 것은 공천이다. 다음 총선에서는 정말 민주당의 색깔에 맞는 젊고 참신하고 능력 있는 인재들을 발굴하여, 국민의힘과 경쟁해야 한다. 아마도 국민의힘은 집권하자마자 내부에서 강력한 권력투쟁이 벌어질 것이다. 다음 총선에서도 윤석열 대통령 주변에서 호가호위하는 자들이 자리 나눠먹기를 하든가, 그를 둘러싸고 있는 이명박 정권 인사들이나 검찰 출신 측근들이 대거 공천을 받아 참신성을 보이기는 쉽지 않을 것이다. 윤석열 정권 2년 동안은 국민에게 커다란 혼란과 실망을 안겨줄 가능성이 높아 보인다. 이렇게 객관적으로 유리한 상황에서 참신한 공천을 한다면, 국민은 일단 변화한 민주당에 주목할 것이다. 박병석, 설훈, 이상민 등 노회한 다선 의원들은 자진해서 불출마해야 한다. 그러지 않는다면 공천 과정에서 탈락시켜야 한다. 지금 민주당 내에서는 조만간 국민의힘으로 배를 갈아탈 의원들이 내 눈에는 몇 사람 보인다. 이런 사람들은 민주당의 개혁 정책에 항상 걸림돌이 되어 왔다. 이들이 제22대 총선에서 걸러지지 않는다면 나부터도 민주당 지지를 철회할 작정이다. 최강욱처럼 개혁적이면서도 합리적인 신인들을 발굴하기 바란다. 2년 후에 당신들과 이 나라 민주주의의 명운이 결정될 것이다.

(4) 민주당 지지자들에게 전하는 당부

1) 2018년의 6.13지방선거에서 이재명 전 성남시장이 이른바 '친문' 전해철 의원을 누르고 민주당의 경기도지사 후보가 되었다. 이때 민주당 지지자들 사이에서는 "이재명을 찍느니 남경필을 찍겠다"고 떠들어대는 '극렬분자'들이 있었다. 나는 SNS 활동을 전혀 안 했었는데, 그 무렵부터 문재인 정부에 어떤 형태든 조금이라도 힘을 보태야 한다는 강박관념에 쫓겨 트윗을 통해 비교적 활발하게 정치와 사회 문제에 대한 의견을 밝히기 시작했었다.

그런데 '트윗'이라는 공간은 정말 웬만한 인내심과 강심장을 가진 사람이 아니면 오래 지속하기가 어렵다는 걸 느꼈다. "같은 편"이라 하더라도, 사회적 이슈에 대해 자신의 견해와 조금만 다르면, 곧바로 가장 저질적인 "ㅆ"으로 시작하는 육두문자 댓글이 줄줄이 달린다. 그래서 민감한 이슈에 대해 편안하게 자신의 견해를 표명하는 게 두려워진다. 이는 대단히 위험한 상황이다. SNS는 광장이다. 적어도 "같은 편"끼리는 건강한 토론을 할 수 있는 문화가 살아 있어야 한다. SNS는 어찌 보면, 21세기형 아고라(agora)이다. 여러 가지의 커뮤니티를 형성하여 건강한 토론을 하는 곳이다. 자신이 팔로우하는 사람의 의견을 확인하고, 반론을 제기하여 건강한 결론을 도출해내는 장이 되어야 한다. 그런데 너무나 살벌하다.

민주당의 이재명 경기도지사 후보에 대해 입에 담지 못할 욕설을 쏟아내고, "차라리 남경필을 찍자"며 선동하는 글에는 리트윗과 '좋아요'의 회수가 수백 개에 이르고, 지지하는 댓글도 줄줄이 달렸다. 경기도지사의 위치가 한국 정치에서 차지하는 비중을 생각하니, 이러다가 정말 남경필이 당선되는 거 아닌가 하는 조바심이 들었다. 민주당과 문재인 대통령을 지지한다면서, 어떻게 "이재명을 찍느니 차라리 남경필을 찍겠다"고 하는지 도무지 이해할 수 없었다. 당시에는 나도 이재명이라는 인물에 대해 많이 알지 못했고, 딱히 그를 적극적으로 지지하지도 않았지만, 여러 번 망설이다가 차분하게 트윗을 올렸다. 그 내용은 대략 이랬다. "이재명이 아무리 나빠도 남경필이 도지사 되는 것보다 더 나쁘겠는가? 이재명이 마음에 안 들더라도 일단 당선시켜 놓고 나서 그를 잘 견인하면 되지 않겠는가?"라는 내용이었다. 그러자 순식간에 예상했던 살벌한 욕설들이 댓글을 장식했다. 그 후로는 정치적 의견을 밝히는 게 싫어졌고, 트윗을 접속하는 게 두려워졌다. 그래서 '시름시름' 접속하는 회수를 줄이다가, 이번 대선이 다가오면서 SNS를 '페이스북'으로 갈아탔었다. 페이스북은 아직 친구가 많지 않아서 그런지 그처럼 황당한 경우는 없었다.

그런데 이번 대선 과정에서도 또 그런 자들이 나타났다. 지난번에 남경필을 찍자고 선동하던 바로 그 자들이다. 이번에는 지난 지방선거 때보다 더 악랄하고 노골적이었던 것 같다. 이른바 "똥파리"라고 불리는 자들이다. 이낙연 후보를 지지했다가, 이재명 후보가 선출되자, 이들은 민주당원 행세를 하면서 "이재명을 찍느니 윤석열을 찍자"고 선동하기 시작했다. 민주당 당원이고 문재인 대통령을 지지한다면서 어떻게 윤석열을 찍을 수 있단 말인가? 나는 이들은 진정한 민주당원이나 민주당 지지자가 아니라고 생각한다. 위장당원이 아닌가 싶다. 이런 망나니짓은 민주당에도 문재인 대통령에게도 전혀 이롭지 않다. 차라리 민주당을 탈당하여 국민의힘에 입당하기를 진정으로 요청한다. 떳떳하게 국민의힘 당원이 되어 윤석열을 지지한다면 누가 뭐라 하겠는가?

그럼에도 불구하고 진정으로 민주당을 지지하거나, 민주당원으로 남고 싶다면, 진심으로 이 나라의 민주주의를 지키고 싶다면, 자신의 이러한 행동이 민주당에 어떤 이익이 되는지, 대한민국에 어떤 이익이 되는지를 꼭 성찰해보기 바란다. 그게 바로 노무현 대통령이 말한 "깨어 있는 시민"이 되는 첫걸음이라는 것을 명심했으면 좋겠다.

지금 대한민국 민주주의는 절체절명의 위기에 처해 있다. 구청장 자질도 못 갖춘 윤석열 '검사'가 대통령이 되었다. 그의 폭정을 막아내야만 우리의 민주주의를 지켜낼 수 있고, 전쟁을 막아낼 수 있고, 제2의 김용균들을 막아낼 수 있다. 신림동에 살면서 아침 7시까지 종로의 빌딩으로 출근하여, 밤 9시에 퇴근하는 70대 노인이 한 달에 120만 원의 월급을 받으면서도, "부자가 되게 해주겠다"는 이명박을 찍었던 웃지 못할 코미디가 이번 대선에서도 똑같이 나타났다. 월급 150만 원 이하를 받는 사람들이 이재명보다 윤석열을 훨씬 많이 지지했다고 한다. 이들 중 다수는 속아서 이런 잘못된 판단을 했을 것이다. 이들을 나쁘다고 할 수는 없다. 그러나 당신들의 행동은 악의적이라는 점에서 매우 나쁘다. 당신 같은 자들이 있기 때문에 그런 이명박이 대통령이 될 수 있었고, 박근혜가 대통령이 될 수 있었고, 또 이번에 윤석열이 대통령이 되는 비극이 반복된 것임을 알기 바란다.

당신들이 지금은 "똥파리"에 불과할지 모르지만, 계속 이런 비상식적인 행동을 한다면, 당신들은 "괴물"이 될 수도 있다. 인간이 인간답지 않으면 짐승이나 괴물과 무엇이 다르겠는가?

2) 윤석열 검찰이 문재인 정부 인사들과 청와대에 대해 마구잡이 칼춤을 출 때부터 민주당 의원들과 지지자들 사이에서 "문재인을 지키자"라는 말과

구호가 공공연히 회자되었다. 민주당 당원이나 지지자들뿐 아니라, 국회의원들조차 문재인 대통령 임기 중반 무렵부터 공개적으로 그런 말을 하고 있다. 그런데 나는 솔직히 이 구호가 매우 거북하다. 그 의도는 충분히 이해하지만, 그 말을 하는 것은 뭔가 자가당착이라고 느껴지기 때문이다. 지금 문재인은 이 나라의 대통령이다. 최고 권력자이다. 그런데 일개 검찰총장의 무도한 짓이 뭐가 두려워서 현직에 있는 대통령을 지키자고 외쳐대는지 모르겠다. 방송에서도 그런 말을 하는데, 지지자들이야 그 취지를 아니까 그렇다 쳐도, 이른바 중도층 사람들은 어떻게 생각하겠는가? '뭔가 지은 죄가 있으니 저러겠지'라는 오해를 하지는 않을까? 왜 그렇게 패배주의적이고 수세적인가? 대통령의 위치가 얼마나 초라해지는가? 왜 현직 대통령을 왜소하게 만드는가? 대통령 문재인은 문재인 혼자서도 지킬 수 있는 권한이 있다. 그런 권한을 가진 사람을 지켜야 한다고 외치는 것은, 그에 대한 예의도 아니다. 무도한 검찰총장이라면, "국회는 검찰총장 탄핵하라" "대통령은 검찰총장 해임하라"고 공격적인 주장을 할 수는 없었는가? 지키자는 말은 퇴임 후에 하면 되는 것이다. 윤석열 대통령이 법을 무시하고, 검찰의 수족을 동원하여 정치 보복을 한다면, 그때 "버르장머리를 고쳐놓으면" 된다. 윤석열 대통령의 행보를 주시하고, 경계심을 가져야 하지만, 자신감을 갖자. 대비는 하되, 미리부터 위축되지는 말자.

(5) 이낙연

결론부터 말하자면, 이낙연의 정치 행로는 여기까지여야 한다. 더 이상 욕심을 부리는 것은 역사에 누를 끼치는 것이다. 이낙연은 1952년생이다. 올해 딱 70세다. 5년 후에는 75세다. 만약 그때 대통령이 된다면, 퇴임할 때

80세다. 생물학적으로도 대통령직을 수행하기에는 너무 나이가 많다. 이 나라에는 이낙연보다 능력도 있고, 생각도 젊고 개혁적인 젊은 인재들이 많이 있다. 이들에게 나라를 맡기고 명예롭게 은퇴하여, 이 사회의 원로로 남기 바란다. 미국의 바이든도 있지 않느냐고 반론을 제기하지 마시라. 대한민국이 미국과 같은 나라라면 가능한 얘기지만, 대한민국은 미국이 아니다.

이낙연이 대통령이 되어서는 안 되는 이유가 또 있다. 왜냐? 그는 절대로 언론 개혁을 할 수 있는 사람이 아니다. 그는 기자로 뼈대가 굵은 사람이다. 그것도 조중동의 한 축인 동아일보 기자였다. 도쿄 특파원까지 지냈다. 그의 머릿속에 '언론 개혁'은 '언론 자유 침해'와 같은 의미로 입력되어 있다고 보인다. 민주당의 가장 큰 시대적 소명은 '언론 개혁'인데, 그것을 절대로 할 수 없는 사람이 대통령이 되어서는 안 된다.

국가를 위해서뿐 아니라, 본인의 명예를 위해서도 그는 대통령이 되어서는 안 된다. 그는 국무총리를 비교적 잘 수행했다. 더구나 6공화국 이후 최장수 국무총리라는 명예로운 기록도 가지고 있다. 그는 그것으로 만족해야 한다. 그것으로 개인과 가문의 영광은 충분하다. 자신의 한계를 분명히 인식하기 바란다. 자신이 스스로 자신의 한계를 인식하기는 쉽지 않다. 그렇다면 경선에서 그를 도왔던 사람들이 객관적으로 판단을 하고, 충심으로 그를 설득해야 한다. 또다시 그를 계파의 수장으로 옹립하여 당권을 장악하거나, 차기 대선에 출마할 준비를 하는 것은 대한민국의 발전과 민주주의에 도움이 되지 않는다. 자신의 정치적 출세를 위해서 이낙연을 이용하는 우를 범하지 말기 바란다. 존경받는 국가 원로로 남도록 조언하기 바란다. 대통령은 개인의 영광을 위한 자리가 아니다. 8천만 민족을 위한 자리다.

그의 몸에는 순수한 파란색 피가 흐르지 않는다. 붉은색 피가 섞여 흐른다.

정의당

제21대 국회의 정의당을 보면, 그 정체성을 읽기가 어렵다. 전신인 통합진보당이나 노회찬 의원이 있을 때의 정의당과는 확실히 다르다. 현재 정의당에는 페미니즘은 보이는데, 민주주의는 안 보이는 것 같다. 페미니즘이 민주주의보다 우위에 있는 것 같다. 페미니즘만 제외하면, 민주당보다는 오히려 국민의힘과의 공통점이 많은 것 같기도 하다. 당의 지도부에게는 단기적 전술만 있고 장기적 전략이나 비전은 없는 것 같다.

심상정은 노회찬이나 이정희와 같은 전략적 사고를 못 하는 것 같다. 유럽의 연립정부에 대한 공부가 안 된 것인가? 자강론의 교조주의에 매몰된 것인가? 이번 대선에서 심상정이 2~3%의 지지밖에 얻지 못하리라는 것은 이미 예견되었다. 민주당 후보 이재명은 우회적으로 심상정과 안철수에게 '통합정부' 구성을 제안했다. 말이 '통합정부'지 사실상 '연립정부'를 구성할 용의가 있으니, 단일화를 하자는 제안이나 마찬가지였다. 심상정이 이 의미를 알아듣지 못했을 리가 없다. 그러나 그는 이재명의 이 제안을 거들떠보지도 않고 완주했다. 혹 제19대 대선 때 얻은 6.1%보다 더 많은 지지율을 얻을 것으로 착각했던 것은 아닐까? 그랬다면 정치판을 읽는 통찰력에 문제가 있다. 장차 정의당이 집권 세력으로 성장하는 것은, 정의당에게는 매우 미안한 얘기지만 적어도 20~30년 내에는 불가능해 보인다. 그렇다면 민주당 정부와의 연립정부를 구성해 자신들의 집권 역량도 기르고, 부분적으로 국가를 운영해보는 것도 소수 정당으로서는 충분히 고민해볼 만한 전략이다. 더구나 이번 대선처럼 1, 2위 후보간 격차가 박빙인 상황에서는 자신의 몸값을 충분히 높일 수 있는 절호의 찬스였다. 그럼에도 심상정과 정의당은 이재명의 제안을 단 하루도 고민하지 않고 즉각 거부했다. 원내 6명의 초소형 정당이 대선에서 2.4% 득표에 그치고 패배하면서 자생력을 기르는 것과 연립정부를 구성하여 내각에 참여함으로써 집권 연습을 하는 것 중 어느 쪽이 집권당으로 성장하는 데 더 도움이 될까? 선거를 며칠 앞두고 윤석열과 결합한 '영원한 정치 초딩' 안철수보다도 판단력이 떨어지는 것은 아닐까? 50석의 의석을 가진 자민련의 김종필도 독자적 집권 가능성이 낮다고 판단하고 김대중과 DJP 연합을 통해 공동정부를 구성했다.

이번 대선을 완주한 것은, 심상정 개인이 대통령 선거에 2번이나 출마했었다고 장차 족보에 '영광스러운' 스펙 한 줄을 보태는 것 외에는 정의당에게는 아무런 도움이 안 되는 일이었다고 본다. 이번 대선에서 얻은 2.4% 80만 표로 차기 총선에서 의석 몇 개를 얻을 수 있겠는가? 그동안 정의당(과 그 전신 정당들)이 5~6석의 의석을 얻을 수 있었던 것은, 국민의힘에게는 절대로 정권이나 제1당 지위를 넘겨주어서는 안 된다고 생각하는 민주 시민들이 민주당과 정의당 사이에서 전략적 투표를 한 결과였다. 제19대 대선에서 심상정 후보가 6%가 넘는 득표를 할 수 있었던 것도 상당 부분은, 문재인 후보의 여유 있는 당선을 예상한 유권자들 중 일부가 심상정 후보에게 투표한 결과라고 할 수 있다. 그러나 정의당과 심상정은 그게 모두 자신들이 잘해서 확보한 표라고 착각한 듯하다. 이번에 이재명이 제안한 '통합정부' 구성 제의를 거부함으로 인해 정권이 윤석열의 국민의힘으로 넘어가게 되어, 그런 전략적 투표층의 상당수가 정의당에서 이탈할 것으로 보인다. 따라서 다음 총선에서는 정의당이 사라질지도 모른다.

저 무식하고 비리투성이인 윤석열과 국민의힘이 집권했을 경우 나라가 어떤 혼란에 빠질 것인지 예상이 안 되었단 말인가? 군사 독재보다 더 해악한 검찰 독재를 예상하지 못했단 말인가? 윤석열이 집권했을 경우에 벌어질 일에 대해 생각해보지 않았단 말인가? 4선 국회의원의 판단력이 그 정도였다는 게 도무지 믿어지지 않는다. 노회찬이 있었다면 이런 어리석은 결정은 하지 않았을 것 같아, 노회찬의 빈 자리가 너무 커 보인다. 혹시 심상정 자신은 연립정부 구성에 참여할 의사가 있었으나, 류호정·장혜영 등 초선 페미니스트 의원들이 반대했기 때문일까?

사실 정의당의 초선 국회의원들인 류호정이나 장혜영의 언행을 보면 민주주의에 대한 철학이 있는지 의문이 들 정도다. 유신 독재와 전두환 독재를 경험해보지 못 해서일까? 두 의원은 제21대 국회 개원 후인 2020년 11월 5일에 〈조선일보〉 창간 100주년 기념 타임캡슐 봉인식에 이름을 올렸고, 민주당의 박용진 의원과 함께 류호정 의원은 직접 참석하였다. 더구나 꼭 10년 전인 2010년에 노회찬 진보신당 대표가 이 행사에 참여했다가 크게 비판을 받은 일이 있었음에도 무리해서 참석한 이유를 알 수 없다. 진보정당을 자처하는 정의당 국회의원이 가장 반민주적이고 수구적인 〈조선일보〉의 창간 기념일에 참석했다는 것은 정의당이 어떻게 변질되었는지를 단적으로 보여준다고 생각한다. 이런 일을 두고서 당내에서 이의 제기가 있었다는 소리를 듣지 못했다. 정의당이 당내에서 토론이 사라진 화석 정당이 된 것은 아닌지 모르겠다.

정의당의 정체성을 의심할 수밖에 없는 또 하나의 사건이 있었다. 바로 조국 장관 임명에 정의당이 찬성한 데 반발하여 정의당을 탈당한 뒤, 국민의힘에 빌붙어 윤석열의 대선 출마를 도우면서 진보와 민주주의에 먹칠을 한 진중권이 복당을 신청하자, 당 대표는 환영한다는 논평을 내면서 덥석 받아들인 일이다. 이 일에 반발하여 정의당 부대표가 사퇴하기도 했다. 사전에 당내 논의가 없었다는 반증이다. 진중권은 정의당을 탈당한 후에, 자신은 앞으로 "진보를 재구성하는 일에 집중하겠다"고 밝혔었다. 그런 그가 갑자기 다시 정의당에 복당 신청을 한 것을 보면, '진보를 재구성'하는 과업을 완수했다는 말인가? 정말 그랬다면, 그는 마르크스에 버금가는 위대한 사상가이자 운동가임이 틀림없다. 그러나 그것은 허풍이었음이 드러났다. 정의당에 복당하면서 또 다시 그는 "진보의 재구성을 위해 젊은 정치인들을 뒤에서 돕는 일을 찾아보겠다"고 선언했다. 참 웃기는 일이다. 진중권의 복당을 허용한 정의당의 행태가 바로 정의당의 현주소를 말해준다. 정체성을 알 수 없는 그 정의당은 진중권 그 자체이다. 정의당에게 조언한다. 정의당이 살려면 "진중권 같은 얼빠진 몇몇을 정리해야 한다".

정의당이 진보정당으로서의 존재 의의를 상실한 것은 가슴 아픈 일이다. 당내에서 끊임없이 노선에 대한 논쟁이 벌어져, 건강한 진보의 길로 나아가는 갈피를 잡기 바란다.

윤석열

윤석열 대통령을 알기 위해서는 그가 걸어온 삶에 대해 좀 자세히 알아볼 필요가 있다. 특히 검사 생활이 거의 유일한 그의 경력이기 때문에 검사 윤석열이 걸어온 길을 알면, 그가 어떤 대통령이 될 것인지를 대략적으로나마 유추해볼 수 있을 것이기 때문이다.

(1) 검사 윤석열

윤석열은 절대로 대통령이 되어서는 안 되는 사람이다. 만약 이 나라에 사법 체계가 정상적으로 작동했다면, 그리고 언론이 언론으로서 제 역할을 했다면, 윤석열 대통령은 탄생할 수 없었다. 만약 특수부(전신인 중수부 포함) 검사 출신이 아닌 다른 후보였다면, 이른바 '본부장' 비리 중 단 하나만 연루되었더라도 대통령은커녕 대통령 후보도 될 수 없었을 것이다. 언론이 선거 국면에서 이재명에게 "그분" 프레임을 덮어씌우려고 몸부림쳤던 노력의 절반만큼이라도 윤석열의 부산저축은행 불법 대출 사건 수사 무마 의혹이나, 김만배 누나의 윤석열 부친 주택 매입 의혹에 대해 실체적 진실을 밝히려고 노력했더라면, 윤석열은 아마도 만신창이가 되어 낙마했을 것이다.

윤석열은 출생부터가 이재명과는 하늘과 땅만큼 달랐다. 이재명이 찢어지게 가난한 빈민의 아들로 태어나 초등학교밖에 다니지 못한 데 비해, 윤석열은 이 사회의 특권 계층인 대학교수의 아들로 태어나, 풍족한 교육을 받고 '최고 학부'인 서울대 법대에 진학했다. 이재명이 16세의 어린 나이에 나이까지 속여가며 소년공으로 사회생활을 시작한 데 반해, 윤석열은 9수 끝에 사법고시에 합격하여, 35세에 곧바로 3급 공무원에 준하는 검사로 사회생활을 시작했다. 본인이 밝힌 대로 대학생 때까지도 아버지에게 맞으면서 자랐다고 한 것으로부터 유추하자면, 가정환경은 엄격했던 것 같다. 엄혹한 유신 말기와 전두환 정권하에서, 수많은 대학생들이 독재에 맞서 투쟁하다가 제적당하고 투옥되는 상황에서도 그는 술을 즐겨 마시고, 당구장을 즐겨 찾았다는 증언이 있는 것으로 보아, 경제적으로 어려움을 겪지 않고 자유분방한 대학 생활을 보냈던 것 같다. 9수 끝에 사법시험에 합격했다는 것은, 집안이 경제적으로 웬만큼 여유가 있지 않고서는 불가능한 경우이다. 사법시험에 합격한 해가 1991년이니, 32세가 될 때까지도 부모로부터 경제적인 뒷바라지를 받았다고 할 수 있다. 그럼에도 불구하고 9년 동안이나 한 가지 목표를 위해 꿈을 접지 않았다는 점에서, 그의 집념과 의지는 높이 사줄 만하다. 부인 김건희 씨의 말에 따르면 6번 떨어진 다음에는 사법시험을 포기하고 한국은행에 취업하려 했으나, 후에 윤석열 당선인과 부인 김건희 씨의 결혼을 중매한 걸로 알려진 '무정 스님'의 "3년만 더 하면 합격할 수 있다"는 말을 믿고 다시 도전하여 합격했다고 한다.

1994년에 35세의 늦은 나이로 검사가 된 그는, 활달한 성격과 보스 기질을 발휘하여, 선배 검사들에게는 충직한 후배로, 후배 검사들에게는 술을 잘 사는 의리 있는 선배 검사로 통했다고 알려져 있다. 부인 김건희 씨의 증언에 따르면, 2012년 3월에 결혼할 당시 53세의 검사인 윤석열의 "통장에 단돈 2

천만 원밖에 없어 망설였는데, 내가 아니면 이 사람이 결혼을 못 할 것 같아 결혼했다"고 할 정도로, 월급을 타면 후배들에게 술을 사는 데 돈을 아끼지 않은 것 같다. 이렇게 처세에 능해서인지 그는 선·후배들 사이에서 신망이 높았다고 한다.

첫 번째 위기

이런 그는, 2013년 4월 수원지방검찰청 여주지청장으로 부임한 뒤에 이명박 정권에서 자행되었던 국가정보원 여론조작 사건의 특별수사팀장이 되었다. 그는 이 사건 수사에서 정권과 상부의 눈치를 보지 않고 탱크처럼 수사를 밀어붙였다. 검찰 수뇌부의 반대에도 불구하고 국정원을 압수 수색했고, 국정원 직원들을 체포하는 등 살아 있는 권력인 박근혜 정권에 정면으로 맞섰다. 그로 인해 정권에 밉보인 그는 직무배제 및 정직 1개월의 징계처분을 받고 대구고검으로 좌천당한다. 다음은 관보에 실린 그의 징계 사유이다.

(1) 2013년 10월 16일 서울중앙지검장의 정당한 지시에 위반하여 보고 및 결재 없이 국정원 직원들에 대한 체포영장 및 압수수색영장을 청구하고, 10월 17일 이를 집행함으로써 검사로서의 직무상 의무 위반.

(2) 2013년 10월 17일 서울중앙지검장으로부터 직무배제 명령을 받았음에도 불구하고, 서울중앙지검 공공형사수사부장 박형철과 함께 10월 18일 보고 및 결재 없이 원세훈 전 국정원장에 대한 공직선거법 위반 등 피고 사건에 관하여 공소장 변경 신청을 하여 검사로서의 직무상 의무 위반.

(3) 2013년 2월 21일 정기재산변동사항 신고 시 배우자 명의의 토지 등 총 9건 합계 5억 1,513만 6,000원의 재산을 중대한 과실로 잘못 신고하여 검사로서의 직무상 의무 위반.

그동안 국민들은 윤석열 검사의 징계 사유가 국정원 여론조작 사건 수사 과정에서 상부의 지시를 따르지 않은 데 대한 보복 차원에서 이루어진 것으로 알고 있었는데, 2017년 2월의 국회 대정부 질의에서 이상돈 전 국민의당 의원의 질의와 이 질의에 대한 황교안 전 국무총리의 답변을 통해 처음으로 그가 "부적절한 행위"를 했기 때문에 징계를 받았음이 밝혀졌다. 이상돈 전 의원이 황교안 국무총리에게, 이른바 '최순실 국정농단 사건'의 수사팀장을 맡고 있던 윤석열 검사를 지칭하면서, "국정원 여론조작 사건 수사 과정에서 박근혜 정부의 외압에 항명하다가 징계를 받고 좌천된 윤석열 검사가 특검에서 맹활약 중인데 어떻게 생각하느냐?"고 묻자, 황교안 당시 국무총리는, "지금 말씀하신 검사(즉 윤석열)는 수사를 잘하는 검사입니다. 지금 말씀하신 사안으로 좌천된 것이 아니고, 그 이후에 다른 부적절한 일들이 있었습니다. 그것으로 징계를 받은 일이 있고, 그것 때문에 아마 본인이 원하지 않는 보직으로 간 것으로 알고 있습니다만, 이런 부분은 어떤 단편을 볼 것이 아니라 전반을 살펴보셔야 되고, 제가 그런 취지로 지금 말씀드리고 있습니다"라고 답변했다.

한편 그 무렵에, 윤석열 당선자의 장모 최 모씨와 부동산 합작 투자 과정에서 분쟁이 발생하여 현재까지 18년 동안이나 법적 분쟁을 벌이고 있는 정대택 씨는 2013년 12월 18일에 검사 윤석열을 징계해달라는 진정을 법무부에 접수한 적이 있다. 그가 제시한 징계 사유는 1) 독직, 2) 위증, 3) 명예훼손 등 세 가지였다고 한다. 그는 진정서에서, "검사 윤석열이 당시 검찰의 수사대상이던 피의자 김건희 씨와 동거하면서 성적 욕망을 충족한 대가로, 자신이 제기한 송사에 개입하여 김건희 씨에게 유리한 수사가 이루어지도록 부당하게 개입했다"고 주장하면서, 이는 "뇌물죄"에 해당한다는 대법원 판례를 들어 검사 윤석열에 대한 징계를 요구했다.

이에 대해 법무부는 그해 12월에 정대택 씨에게 이러한 답신을 보내왔다고 한다.

"귀하께서 2013년 12월 18일 법무부 민원실을 통해 제출한 민원의 취지는 윤석열 검사에 대하여 엄중한 징계가 필요하다는 취지인 것으로 보입니다. 검사징계위원회에서는 2013년 12월 18일 윤석열 검사에 대하여 정직 1월의 징계처분을 의결하였음을 알려드립니다."

이런 정황에 비추어보면, 검사 윤석열이 청와대와 검찰 상층부의 만류에도 불구하고 박근혜 정권의 정통성에 상처를 가할 수 있는 '국정원 여론조작 사건' 수사를 밀어붙였기 때문에, 털어서 먼지 안 나는 사람은 없으니, 그도 털려서 징계를 받았다고 볼 여지가 있다. 문제는 정대택 씨의 진정에 대한 법무부의 답변이다. 답변에 따르면 정 씨의 진정 내용이 징계위원회에서 급하게 논의되었을 개연성도 있다. 이 진정 내용이 사실이라면 검찰로서는 '국정원 여론조작 사건' 수사에 대한 보복이라는 인상을 안 주면서도 눈엣가시 같은 윤석열 검사를 징계하기에 매우 좋은 빌미였을 것이다.

그러나 이 사안으로 징계할 경우 정권이나 검찰은 손 안 대고 코를 풀 수는 있었지만, 반면에 검찰의 명예도 땅에 떨어질 것이 분명했기 때문에 차마 이 사유로 징계를 하지는 못한 게 아닌가 하는 생각도 든다. 그래서 정대택 씨에게는 민원 해결 차원에서 '당신의 진정을 징계에 반영했다'는 뉘앙스의 답변서를 보낸 게 아닌가 싶기도 하다. 윤석열 당선인은 검찰총장을 사임하고 대선 출마를 공식 선언한 이후에, 정대택 씨의 주장에 대해 "일방적인 거짓 주장을 근거로 한 것"이라는 입장을 밝혔다. 공식적으로 법무부가 사실관계를 밝히지 않는 한, 우리는 각자가 전후 맥락을 통해 누구의 주장이 맞는지를 추측할 수밖에 없다.

반전의 계기, 박영수 특검에게 차출되다

징계 이후 검사 윤석열은 좌천되어 2014년에 대구고검 검사로, 2016년에 대전고검 검사로 지방을 전전하던 중, 2016년 10월에 대통령 박근혜의 비선 실세인 최순실이 국정을 농단했다는 충격적인 보도가 전국을 강타했다. 결국 그해 12월 9일, 국회에서 박근혜 탄핵 소추안이 여야 의원들의 절대적 찬성으로 통과되었고, 12월 26일에는 여야 합의에 의해 박영수 특별검사가 지휘하는 "박근혜 정부의 최순실 등 민간인에 의한 국정농단 의혹 사건 규명을 위한 특별검사"가 출범하면서, 윤석열은 수사4팀장에 발탁되어 재기의 발판을 마련한다. 박영수 특별검사를 비롯하여 윤석열 등 수사팀은 국민의 공적이 된 최순실을 구속 기소했을 뿐만 아니라, 비록 죽은 권력이긴 하지만 전직 대통령 박근혜와 재벌 권력 1인자인 이재용 삼성전자 부회장까지 구속 기소함으로써 온 국민들로부터 찬사를 받았다. '국정원 여론조작 사건' 수사에서 살아 있는 권력에 맞서 제대로 수사하려다가 좌천되었다고 알고 있던 국민은 윤석열 검사를 다시 한번 '정의로운 검사'의 상징처럼 여기게 된다. 특히 그는 민주당 지지자들의 전폭적인 지지를 받고 화려하게 재기한 것이다. 이때 형성된 좋은 이미지는 그가 문재인 정부하에서 승승장구하는 밑거름이 된다.

권력의 문, 서울중앙지검장이 되다

2017년 5월, 문재인 정부 출범과 동시에 윤석열 검사는 파격적으로 서울중앙지검장에 발탁된다. 좌천되어 지방을 전전하던 검사가 하루아침에 실질적인 검찰의 제2인자가 된 것이다. 문재인 정부가 그를 서울중앙지검장에 기용한 명분은, 박영수 특검이 진행했던 "검찰의 최대 현안인 최순실 게이트의 추가 조사 및 공소 유지를 원활하게 수행할 인물"이라는 이유였다. 이때는 문재인 정부의 적폐 청산 수사가 한창일 때였다. 그의 거침없는 수사 행보는 전 국민의 지지를 받았다.

  그는 서울중앙지검장에 취임한 뒤에도, 전임 정권의 권력형 비리를 계속 파헤치면서 문재인 정권의 적폐 청산 작업에 적극 부응한다. '국정원 특수활동비 청와대 상납 사건'을 수사해 박근혜 정부의 전직 국정원장들을 구속했고, '군 사이버사령부 댓글 공작 사건'을 수사하여 김관진 전 국방부 장관과 이명박 전 대통령의 최측근들을 구속했다. '다스'와 관련하여 이명박 전 대통령 소유 빌딩을 압수 수색하면서 이명박에게 칼날을 정조준하더니, 마침내 2018년 3월에는 그도 구속했다. 2008년의 'BBK 관련 정호영 특검'에 자신이 수사검사로 참여하여 무죄라고 면죄부를 주었던 이명박 전 대통령을, 꼭 10년 만에 자신으로 손으로 구속한 것이다. 이리하여 현직 문재인 대통령 직전의 대통령 두 명이 그의 손에 의해 감옥에 갇히게 된 것이다. 그의 수사 칼날은 거침이 없었다. 이번에는 법원으로 향했다. 이른바 '사법 농단 사건'을 수사하여 양승태 대법원장을 비롯한 전·현직 사법부 고위 인사들을 기소하여 재판에 넘겼다. 그의 이러한 거침없는 행보는 국민들에게 카타르시스 역할을 하여 그의 인기는 그 어떤 대중스타 못지않았다.

  그런 윤석열은 서울중앙지검장 시절(2017년 5월~2019년 7월)에 〈조선일보〉 사주 방상훈, 〈중앙일보〉 사주 홍석현을 잇달아 만났다. 〈뉴스타파〉의 보도에 따르면 윤석열 지검장과 〈조선일보〉 사주의 만남을 박상기 법무부 장관에게 보고한 사람은, 다름 아닌 윤석열의 최측근 검사로 알려진 윤대진 검찰국장이었다고 한다. 검찰 고위 간부가 언론사 사주를 잇달아 만나는 것은 매우 이례적인 일이다. 더구나 윤석열 지검장은 당시 뜨거운 이슈였던 '사법 농단' 사건을 수사하고 있었고, 〈조선일보〉는 이 사건과 관련하여 법원행정처와의 의심스러운 돈거래와 칼럼 대필의 당사자로 지목되어 수사 선상에 올라 있었으나 이후 아무런 법적 조치도 받지 않고 넘어갔으니, 이들의 만남을 단순히 사적인 만남이라고 할 수 있을까? 혹시 두 사람의 만남에서 모종의 거래가 있지는 않았을까? 예를 들어, '수사를 받지 않게 해준다면, 우리가 당신의 더 큰 미래를 위해 적극 돕겠다.' 이런 딜이 있지는 않았을까? 이 당시에 "대호 프로젝트"가 세간에 회자되고 있었음은 이런 의심을 하기에 충분하다고 생각한다. 〈조선일보〉로서는 그를 밀어서 대통령이 되게 하고, 그를 통해 자신들의 영구적인 '생명력'을 얻으려고 시도했을 수도 있다. 상상을 해보자면, 윤석열을 대통령이 될 수 있도록 적극 지원하고, 그가 당선되면 2024년의 제22대 총선에서 윤석열 라인 사람들을 대거 공천하게 하여, 〈조선일보〉가 이들을 적극 밀어 원내 과반 의석을 차지하게 한 다음, 윤석열 정권 말기에 의원내각제로 개헌하여 일본 자민당식의 장기 집권을 시도할 수도 있다. 과반 의석만 확보해도 민주당 내 내각제 선호 의원들을 포섭하면 충분히 가능한 시나리오다. 만약 제21대 국회의 민주당처럼 180석 가까운 의석만 확보할 수 있다면 더 말할 나위가 없다. 이렇게만 된다면 〈조선일보〉는 자신이 '영구 집권'할 수 있는 가장 원하는 환경이 만들어지는 것이다.

이런 상상을 할 수 있는 근거는, 윤석열 당선인이 〈조선일보〉는 정권을 끝장낼 수도 있는 '위력'을 가지고 있다는 '신앙'을 갖고 있기 때문이다. 미국에 있는 〈선데이저널〉이 공개한 녹취 내용을 들어보면, 윤석열 검사는 2016년 12월에 대우조선해양 비리 사건 수사 과정에서 불거진 〈조선일보〉 송희영 주필의 뇌물수수 사건을 검찰이 공개 수사했던 일에 대해 회고하면서 이렇게 말한다. "송희영이(를) 가지고 막 흔들어대는데, 이게 이제 여권이 전체적으로 붕괴되는구나 싶더만. 청와대 민정수석실하고 조선일보가 싸우면은 저거는 그냥 (정권이) 붕괴된다는, 붕괴를 의미하는 거 아니에요?"라고 반문하면서, "(박근혜) 대통령이 나서서 조정을 해야 되거든"이라고 말한 것이 이를 증명한다. 〈조선일보〉를 흔들어대면 정권이 무너진다고? 일개 신문사의 주필이 금품과 향응을 받고, 부적절한 인사청탁까지 한 혐의가 있어 수사받고 있는데, 이런 사건을 "대통령이 나서서 조정을 해야 한다"고 여기는 사람이 윤석열이다. 하물며 〈조선일보〉 사주도 아니고, 일개 주필이 아니던가? 만약 윤석열 대통령 시대에 〈조선일보〉 사주가 범죄를 저질러 수사를 받게 된다면, 대통령으로서 그는 이를 적절히 조정하여 무마시키겠다는 것인가? 이런 그가 대통령이 되었으니, 〈조선일보〉는 날개를 달고 권력과 적절한 거래를 통해 "밤의 대통령"뿐 아니라 밤·낮의 대통령이 되지는 않을까 걱정이다.

아무튼 그는 서울중앙지검장이 되었고, 그때까지 그는 문재인 정부의 검찰 제2인자로서의 역할에 충실했다.

대권 도전의 발판, 검찰총장이 되다

그는 박영수 특검에 발탁된 이후부터 서울중앙지검장에 재직할 때까지 3년 가까운 기간 동안에 있었던 일련의 과정을 통해, 검사도 대중적 스타가 될 수 있다는 사실과 어떻게 하면 그렇게 될 수 있는지 그 방법까지도 깨달았을 것이다. 그는 비록 '죽은 권력'이긴 하지만 전직 대통령을 두 명이나 구속함으로써 국민의 '영웅'이 되었다. 그가 더 유명한 대중적 스타가 되기 위해서는 이제 단 한 가지 방법밖에 없었다. 바로 죽은 권력이 아니라 살아 있는 권력과 맞서는 것이 그것이었다. 그에게는 살아 있는 권력에 대들었던 싫지 않은 추억이 있었다. 바로 '국정원 여론조작 사건' 수사 당시 박근혜 정부의 권력 핵심부와 검찰 상층부에 정면으로 반기를 들었다가 좌천되어 3년여 동안 지방을 전전하기는 했지만, 결과적으로는 그것으로 인해 대중의 지지를 얻게 되어, 오늘날의 자신이 있게 되었다는 것을 그는 잘 알고 있었다. 살아 있는 권력과 일합을 겨루기 위해서는 몸집을 더 불릴 필요가 있었다. 검찰총장이 되는 것이었다.

일단 검찰총장이 되어 검찰을 장악해야 살아 있는 권력과 일합을 겨룰 수 있는 힘이 생기는데, 검찰총장이 되는 데 성공한다. 2019년 7월에 그는 다시 파격적으로 5기수를 뛰어넘어, 사법연수원 18기인 문무일 검찰총장의 뒤를 이어 23기인 그가 검찰총장에 임명된다. 그는 국민의 뇌리에 "정의로운 검사"로 깊게 각인되어 있어, 검찰총장 임명은 당연해 보였다. 인사청문회는 요식행위에 불과한 상황이었다. 따라서 야당 의원들의 여러 의혹 제기가 있었지만, 결정적인 한 방은 없었다. 그런데 그에 대한 인사청문회가 거의 마무리 단계로 접어들었을 무렵인 그날 밤에 〈뉴스타파〉에서 충격적인 보도가 나왔다. 윤석열 검찰총장 지명자가 과거에 자신의 최측근이자 후배 검사인 윤대진 검사의 친형 윤우진 전 용산세무서장의 비리 수사를 무마해줬다는 의혹이 제기되었다. 그가 윤우진 세무서장에게 변호사 개업을 한 전직 대검 중수부의 후배 검사인 이남석 변호사를 소개해줬다는 본인의 육성이 공개된 것이다. 직전에 야당 청문위원들의 질문에 대해 이 사실을 부인하는 답변을 했었기 때문에 문제는 심각한 상황이었다. 나는 그 순간 윤석열 후보자의 표정을 아직도 생생하게 기억하고 있다. 한마디로 그의 얼굴색은 흑빛으로 변했고, 이마에는 땀방울이 솟았다. 나는 이 사안으로 그의 검찰총장 임명이 물 건너갈 수도 있다고 판단했다. 〈뉴스타파〉가 너무나도 원망스러웠다. 다른 많은 국민도 나와 같은 심정이었다. 그래서 〈뉴스타파〉 후원자가 대거 탈퇴했다고 한다. 우여곡절 끝에 7월 25일 그는 검찰총장에 임명되기는 했지만, 그의 "정의로운 검사" 이미지는 적지 않은 상처를 입었다.

당시 청와대 비서실장이었던 노영민의 증언에 따르면, 다수의 검찰총장 후보자들을 상대로 청와대가 실시한 면접 과정에서 윤석열은 문재인 정부가 야심차게 추진하는 검찰 개혁에 대해 매우 적극적으로 동의했을 뿐만 아니라, 자신이 오히려 더 강력한 개혁을 주장했다고 한다. 물론 권력의 세계에서 그 사람의 말을 액면 그대로 믿을 사람은 없겠지만, 대통령도 그에 대한 신뢰가 두터웠기에, 검찰 총수가 되는 데 성공한 것이다. 소문에 따르면 조국 민정수석과 특수부 검사의 생리를 아는 몇몇 청와대 참모들은 그의 임명을 반대했다고 한다.

〈경향신문〉 논설위원인 박래용의 칼럼에 이런 대목이 있다. "윤석열은 서울중앙지검장 재직 시절 보수 언론 사주를 잇달아 만난 적이 있다. 그를 만나고 온 한 사주는 '저 친구, (검찰)총장 이상을 꿈꾸는 것 같다'라고 말했다 한다. 윤 총장 임기는 2021년 8월(2년)까지다. 그가 마음만 먹으면 앞으로 총선, 대선에서도 이러한 정치 행위는 얼마든지 재연될 수 있다. 정치 행위의 동기는 갖다 붙이기 나름이다. 중요한 건 지금의 윤 총장과 검찰에는 그런 막강한 힘이 있다는 점이다."(2019. 9. 9. 박래용 칼럼 「윤석열의 나라」) 그의 예언은 적중했다.

검찰총장에 임명되기 전에 이미 그에게는 다 생각이 있었던 것 같다. 그가 원했던 건 검찰총장이 전부가 아니었던 것이다. 그 다음의 원대한 2차 목표가 있었다. 그는 일단 검찰총장이 되는 데는 성공했지만, 그렇다고 2천만 촛불시민들의 적극적인 지지를 받아 탄생하여, 지지율이 60%를 웃도는 문재인 정권과 곧바로 일합을 겨룰 수는 없었다. 정권에 충성을 다하면서 때를 기다려야 했다.

그런데 그의 잠재된 권력 본능을 더욱 자극한 것은 아이러니하게도 민주당 사람들이었다. 검찰총장 후보자 청문회에서, 윤석열 후보자는 문재인 대통령의 복심으로 알려진 양정철이 그를 정치권으로 영입하기 위해 연락을 해와, 2015년 말경부터 서울중앙지검장 시절까지 여러 차례 만났다고 밝혔다. 구체적으로 어떤 얘기를 나누었는지 세세한 내용은 밝혀지지 않았지만, 양정철이 그에게 민주당에 입당하여 국회의원에 출마하도록 권유했다는 것은 윤석열 본인의 입을 통해 확인되었다. 이러한 일들로 인해 그는 자신의 정치적 가치를 깨닫기 시작했고, 이는 그로 하여금 권력 목표치를 상향 조정하게 만들었는지도 모른다.

암호명, '대호 프로젝트'

그런데 마침내 그에게 그 기회가 도래했다. 조국 민정수석이 2019년 8월 9일에 박상기 장관의 뒤를 이어 법무부 장관에 지명된다. 그가 검찰총장에 취임한 게 7월 25일이었으니, 불과 보름 만에 자신의 상관이 바뀌게 된 것이다. 그렇다면 조국은 누구인가? 투철한 검찰 개혁론자이다. 이런 조국이 법무부 장관이 된다면, 검찰의 힘은 크게 약화될 것이고, 그의 '대권 프로젝트'에 큰 장애물이 될 것임은 명약관화했다. 자신의 권력투쟁 근거지이자, 자신의 유일한 무기인 검찰의 힘이 약해진다면, 자신이 2차 목표를 이루는 데 큰 차질이 생길 수밖에 없게 된 것이다. 뿐만 아니라 일부 열성적 지지자들은 이미 조국을 차기 민주당의 대권 후보로 언급하고 있었고, 언론에서도 차기 민주당의 대통령 후보군에 조국을 포함시키기도 했다. 그렇게 되면 바로 자신이 조국과 대권을 놓고 대결하는 일이 벌어질지도 모르는 상황이었다. 그는 반드시 조국의 법무부 장관 임명을 막아야 했다. 윤석열은 즉각 행동을 개시했다.

일부 윤석열을 지지하는 사람들은, 이때 윤석열 총장이 조국 법무부 장관 후보자를 낙마시키려 했던 것은 진정으로 문재인 대통령의 성공을 위한 충정에서 비롯되었다고 옹호하기도 한다. 의도는 그랬을 개연성도 있다. 그러나 나는 그의 의도가 어떠했든 간에, 이때부터 이른바 "대호 프로젝트"가 가

동된 게 아닌가 생각한다.

〈뉴스타파〉에서 2021년 7월에 보도한 당시 박상기 법무부 장관과의 인터뷰에 근거하여, 윤석열 검찰총장이 조국 법무부 장관 임명을 저지하기 위해 문재인 정부와 전면전을 벌인 과정을 정리해보면 다음과 같다.

2019년 8월 27일, 박상기 장관은 광화문 정부종합청사에서 국무총리 주재로 열리는 국무회의에 참석하기 위해 차를 타고 가던 중, 3호 터널을 막 빠져나왔을 때 이성윤 당시 법무부 검찰국장의 전화를 받았다고 한다. 이성윤 국장은 다급한 목소리로, "장관님, 서울중앙지검 특수부가 조국 법무부 장관 후보자와 관련해 20여 곳에 대해 조금 전 압수 수색을 시작했습니다"라고 보고했다. 검찰의 압수 수색 대상은 조국 법무부 장관 후보자의 자녀 입시 관련 의혹이 제기된 대학들과 그의 가족이 돈을 댄 사모펀드, 그의 가족이 운영 중인 부산의 웅동학원 등이었다. 보고를 받고 나서 박 장관은 당시 서울중앙지검장인 배성범 지검장에게 전화를 걸어, 이 결정을 윤석열 총장이 내렸느냐고 묻자 "대답할 수 없다"는 답변을 들었다고 증언한 바 있다.

국무회의가 끝나고 과천에 있는 법무부로 돌아가는 길에 박 장관은 윤 총장에게 전화를 걸어, 그날 오후에 대검찰청과 가까운 곳에 있는 한 호텔에서 만나기로 약속했다. 박 장관이 조국 후보자에 대한 압수 수색의 이유를 묻자, 1시간 넘게 이루어진 두 사람 간의 대화 시간 내내 윤석열 총장은 조국 후보자의 부인인 정경심 동양대 교수가 사모펀드에 투자한 사실을 거론하면서, "부부 일심동체"라는 논리로 조국 후보자에 대한 수사의 정당성만 주장했고, 조국 후보자 자녀의 입시 비리에 대한 혐의에 대해서는 단 한마디도 없었다고 한다. 그러면서 윤 총장은 강한 어조로 "조국 후보자를 낙마시켜야 한다"고 말했다는 것이다. 그러나 이 혐의는 점차 흐지부지되고, 실제로 수사가 이루어지고 기소된 주요 내용은 조국 후보자 딸의 대학 입시 비리와 관련된 혐의였다. 박 전 장관은 이러한 정황을 종합해봤을 때, 이번 수사는 "검찰총장이 직접 대통령이 임명한 장관 후보자의 낙마를 목적으로 기획·결정한 강제수사"라고 단정했다.

새벽에 전격적으로 이루어진 압수 수색인지라, 당연히 청와대에서도 이 사실을 까맣게 모르고 있었다. 당시 청와대 공직기강비서관이었던 최강욱 의원도 춘추관에서 기자들을 통해서 알았다고 할 정도로 전혀 알지 못한 상태에서 이루어진 것이다.

이런 난장판 속에 2019년 9월 6일 오전 10시부터 조국 법무부 장관 후보자에 대한 인사청문회가 국회 법제사법위원회에서 진행되었다. 위원장은 자유한국당 소속 법사위원장인 여상규 의원이었다. 야당 의원들은 검찰에서 제시한 범죄 혐의들을 반복적으로 따져 물으면서 조국 후보자의 사퇴를 압박했다. 그리고 이날 밤 10시경, 자유한국당의 장제원 의원은 "저녁 시간 동안 부인에 대한 기소 임박이란 기사들을 보셨습니까? 기소된다면 사퇴를 고려하겠습니까?"라며 조국 후보자의 사퇴를 거듭 압박했고, 민주당 의원들은 계속해서 청문회를 종료하고 청문보고서 채택 논의에 들어가자고 주장했다. 그러나 여상규 위원장은 "지금 일부 언론 보도를 보면 조 후보자 처에 대해서 기소를 금방 할 것 같은 내용이 나오고 있습니다. ……아무래도 기소 여부가 결정될 시점인 12시 이전까지는 회의를 진행해봐야 하지 않을까 싶습니다"라며, 민주당 의원들의 요구를 거부했다. 이런 정황으로 보면, 야당인 자유한국당과 윤석열 검찰총장 사이에 모종의 커넥션이 있지 않았나 하는 의심이 든다. 이미 자유한국당 의원들은 검찰이 조국 법무부 장관 후보자의 부인인 정경심 교수를 전격 기소하리라는 것을 알고 있었던 것 같다.

그리고 자정 무렵에 청문회가 막 끝난 지 15분 후에 서울중앙지검 특수2부(고형곤 부장검사)는 청문회가 진행 중이던 6일 밤 10시 50분경에 조국 장관 후보자의 부인인 정경심 교수를 사문서 위조 혐의로 불구속 기소했다고 밝혔다. 장관 후보자의 인사청문회가 진행되던 도중에, 그의 부인을 단한 번의 소환 조사도 없이 전격 기소한 것이다. 대단히 이례적인 일이었다. 검찰이 이렇게 전격적으로 기소한 이유는, 정경심 교수가 혐의를 받고 있는 동양대 총장 표창장 조작 사건은 공소시효가 7년인데, 바로 그날 밤 자정이 공소시효 만료기한이었기 때문이다.

우여곡절 끝에 법무부 장관에 임명된 조국은 야당의 사퇴 압력과 국민들의 차가운 눈길을 의식하면서 한 달 남짓 동안 사법 개혁의 기본적인 조치들을 취한 뒤, 10월 14일에 쓸쓸하게 퇴임했다. 사법 개혁이라는 '풍운의 꿈'을 안고 문재인 정부에 합류했던 그는 집안이 풍비박산하는 참혹한 대가를 지불하고 만신창이가 된 채 야인으로 돌아가고 말았다.

조국 장관이 퇴임한 지 3일 후인 2019년 10월 17일, 민주당 백혜련 의원이 대검 국정감사장에서 검찰총장에게 "조국 장관에 대한 수사 자체는 처음에 총장님이 지시를 내리셨습니까?"라고 묻자, 윤석열 검찰총장은 "이런 종류의 사건은 제 승인과 결심 없이는 할 수가 없지요"라고 답변하여, 자신이 지시했음을 당당히 인정했다. 법무부 장관 후보자에 대해 압수수색을 한다는 것은 임면권자인 대통령의 인사권을 부정하는 엄청난 사건인데도, 자신의 상관인 법무부 장관에게조차 보고하지 않고 이런 일을 저지른 것이다. 이 것은 황희석 당시 법무부 인권국장이 말한 대로 명백한 "쿠데타"였다. 통치권에 대한 도전이었다. 문재인 정부의 검찰 개혁 노력이 수포로 돌아가는 순간이었다. 문재인 대통령은 윤석열 총장과 조국 장관의 "환상적 조합"을 기초로 검찰 개혁을 완수하려고 윤석열을 파격적으로 기용했으나, 그의 기만에 놀아난 꼴이 되고 말았다. 이 사건으로 인해 정국은 요동치고, 문재인 정부는 사실상 모든 것을 잃게 된다. "인사가 만사"라는 격언을 이 경우처럼 처절하게 입증하는 사례도 없었을 것이다.

조국 장관 후보자에 대한 윤석열 검찰총장의 수사가, 그를 지지하는 사람들이 주장하듯이 대권을 노린 의도적 도발은 아니었을 수도 있다. 조국 장관만 낙마시키고 기회를 보아 검찰총장 임기 중반쯤부터 정권과 맞짱을 뜨려고 계획했을 수도 있으나, 조국 수사가 예기치 않게 정권 핵심부와 돌이킬 수 없는 관계로 악화되자, 이참에 일정을 앞당기는 것으로 계획을 급히 변경했을 수도 있다. 어쨌든 이 사건이 그가 대권 프로젝트에 시동을 거는 모멘텀이 되었다는 것은 부인하기 어려울 것 같다. 이왕 이렇게 된 바에야, 그에게는 머뭇거릴 이유가 없었다. 그는 미친 듯이 칼을 휘둘렀다. 울산시장 선거 개입 의혹 수사, 환경부 블랙리스트 사건 수사, 월성 원전 경제성 평가 조작 의혹 수사 등, 청와대와 권력 핵심을 겨냥한 수사를 마구잡이로 진행했다. 그것도 대통령이 해외 순방 중일 때를 틈타 청와대를 여러 차례 압수 수색하는 등의 수법으로 정권 핵심부의 심기를 일부러 자극하는 듯한 행태를 보이기도 했다.

이 무렵에 윤석열 검찰총장이 무리하게 관여한 정치적 사건들이 워낙 많고 급박하게 진행되었기 때문에 나의 기억으로는 일일이 다 적시할 수는 없지만, 대략 생각나는 것들을 정리해보면 다음과 같다.

그는 '한명숙 모해위증 교사 수사 방해 사건', '채널A 사건', 검찰 인사 갈등 등으로 법부부와 사사건건 충돌했다. 그는 국회에 나와 "검찰총장은 법무부 장관의 부하가 아니다"라고 도발하기도 했다. 특히 '채널A 사건'은 윤석열 총장의 최측근인 한동훈 검사장이 연루된 사건이어서 윤 총장은 심기가 매우 불편했다. 그는 이 사건을 수사하고 있던 서울중앙지검을 향해 "균형 있게 조사하라"고 일갈했다. 이런 갈등 속에 추미애 법무부 장관은 이 사건에 대해 윤 총장의 지휘를 배제시키는 수사지휘권을 발동하기도 했고, 감찰을 지시하기도 했다. 그러자 윤 총장은 추미애 장관 아들의 군 복무 중 휴가 미복귀 무마 의혹 사건 수사로 역공을 가했다. 한마디로 이 나라의 사법 권력 내부에서 진흙탕 싸움이 벌어진 것이다. 문재인 정권으로서는 윤석열 검찰총장이 참으로 불편한 혹 덩어리였지만, 그 혹을 떼어낼 방법이 없었다. 검찰총장의 임기는 법으로 보장되어 있었고, 문재인 대통령은 철저한 '준법 주의자'였기 때문에, 폭주 기관차 윤석열에 대해 말 한마디도 하지 않고 있었다. 이때 법무부 장관 추미애가 꺼내든 카드가 바로 윤석열에 대한 징계를 청구하고, 총장의 직무 집행 정지를 명령한 것이다. 징계 청구 사유는 다음 여섯 가지였다.

첫째, 중앙일보 사주와의 부적절한 만남으로 검사윤리강령을 위반했다.

둘째, 주요 사건 재판부 판사들에 대한 불법사찰 책임이 있다.

셋째, 채널A 사건 및 한명숙 총리 사건의 감찰을 방해하였다.

넷째, 채널A 사건 감찰 관련 정보를 외부로 유출하였다.

다섯째, 검찰총장으로서 정치적 중립에 관한 위엄과 신망을 손상시켰다.

여섯째, 감찰 대상자로서 협조 의무를 위반하고 감찰을 방해하였다.

추미애 장관은 징계위원회를 구성하고 2020년 12월 2일에 첫 심리를 개최하려 했으나, 두 차례 연기되는 우여곡절을 거치면서 12월 10일에 첫 징계위원회가 개최되어 징계 논의에 들어갔다. 쌍방의 치열한 공방 끝에 16일 새벽 윤석열 검찰총장의 징계 혐의 6개 중 4개를 인정하고, 정직 2개월의 징계 처분을 내렸다. 징계 사유는 다음 네 가지였다. 1) 주요 사건 재판부 분석 문건 작성 및 배포, 2) 채널A 사건 관련 감찰 방해, 3) 채널A 사건 관련 수사 방해, 4) 정치적 중립에 관한 부적절한 언행 등이었다. 대한민국 헌정사상 최초로 검찰총장이 재임 중 징계를 받는 일이 발생한 것이다.

윤 총장의 변호인은 즉시 서울행정법원에 '징계처분 효력정지 가처분 신청'을 제기했다. 법원은 징계처분 1주일 만인 12월 24일, 크리스마스 이브에 윤 총장 측의 가처분 신청을 인용함으로써, 그에게 커다란 크리스마스 선물을 안겨주었다. 그러자 그는 마치 무죄 판결이라도 받은 사람처럼 의기양양한 모습으로, 이튿날 공휴일인 크리스마스임에도 불구하고 다시 대검찰청에 출근했다. 그를 지지하는 보수쪽 지지자들과 시민단체들이 윤석열 총장을 응원하려고 보낸 화환이 대검찰청 담장 주위에 빼곡히 늘어서는 진풍경이 벌어지기도 했다. 그러나 그 후 2021년 10월 14일의 본안 사건 판결에서, 법원은 "정직 2개월의 징계는 적법하며, 오히려 면직 이상의 징계도 가능한 사안"이라고 판결하여, 윤석열 전 검찰총장이 패소하였다. 그러자 그는 즉각 항소를 제기하여, 현재 항소심이 진행 중인 상태이다.

그가 검찰총장이 된 이후 사사건건 문재인 정권에 맞서는 모습을 보이면서, 그는 이미 언론에서 야권의 유력한 대선 후보로 거론되고 있었다. 그리고 그를 야권 주자로 포함시킨 여론조사에서 그가 야권 주자들 중 선두를 차지하는 여론조사가 속속 등장하기 시작했다. 그는 현직 검찰총장임에도 여러 언론사들이 자신을 야권 대선주자로 상정하고 지지율을 조사하는데도, 여론조사 대상에서 자신을 빼달라고 요청하지 않았다. 그는 오히려 그 여론조사를 통해 자신의 미래를 가늠하면서 그것을 즐기고 있었다.

그는 문재인 정권과 마지막 결투를 작심한 듯했다. 그는 그로부터 두 달 전인 10월 22일 국회 법사위의 대검찰청에 대한 국정감사장에서 의미심장한 발언을 했다. 여당 의원들의 사퇴 압박을 받고 있던 자신에게 "굴복하지 말고 끝까지 싸우라"는 야당 의원들의 격려에 고무된 그는 여당인 민주당 의원들의 질문에 대해 화를 내며 흥분하여 책상을 치고 목소리를 높이는 등 오만한 태도로 일관했다. 질의 과정에서 그는 퇴임 후의 행보를 묻는 민주당 김종민 의원의 질문에 대해 이렇게 답변했다.

윤석열: "제 직무를 다 하는 것만으로도 다른 생각할 겨를도 없고, 향후 거취를 얘기하는 것도 적절하지 않습니다. 다만 저도 지금까지 살아오면서 우리 사회의 많은 혜택을 받은 사람이기 때문에, 우리 사회와 국민을 위해 어떻게 봉사할지 퇴임하고 천천히 생각해보겠습니다."

김종민 의원: "정치도 들어갑니까?"

윤석열: "(웃으면서) 그건 제가 말씀드리기 어렵습니다."

김종민: "정치는 아니라고 얘기 안 하는 걸 보니 할 수도 있다는 소리로 들리는데……오늘 쭉 들어보니 국민의힘 의원들이랑 잘 맞는 거 같습니다. 윤 총장이 정무 감각이 잘 없습니다. 국민의힘은 국정농단 아직 반성 안 한 사람들입니다. 저런 분들이랑 하면 별로 좋은 기회가 아닙니다."

일반적인 경우라면, 설사 자신이 정치를 할 의사가 있더라도 "아직 생각해본 적이 없다"는 정도로 답변을 하는 게 공직자로서 예의인데, 그는 "그건 제가 말씀드리기 어렵습니다"고 답변했다. 그의 이런 답변 태도를 볼 때, 그는 이미 야당 정치인들과 어떤 형태로든 물밑으로 접촉하면서 대권 도전에 대한 논의를 진행하고 있지 않았나 싶다. 대선이 1년 2개월밖에 남지 않은 상황에서, 그에게는 시간이 많지 않았다. 더구나 열린민주당 최강욱 대표가 2021년 12월에 "현직 검사나 법관이 공직선거 후보자로 출마하려면 1년 전까지 사직해야 한다"는 내용이 포함된 검찰청법·법원조직법 개정안을 발의해둔 상태였다. 그의 결심의 순간은 시시각각 다가오고 있었다. 언제 어떤 모양새로 대중에게 강한 인상을 남기면서, 가능하면 문재인 정권에게 흠집을 내면서 장렬하게 희생되는 모습을 연출할 것인가?

고심하던 그는 대선을 꼭 1년 하고도 5일을 남겨둔 2021년 3월 4일, "오늘 검찰총장직을 사퇴하려 한다"는 말을 시작으로 사퇴의 변을 밝혔다. 이어서 "이 나라를 지탱해온 헌법정신과 법치 시스템이 파괴되고 있다. 그 피해는 고스란히 국민에게 돌아갈 것이다." "저는 이 사회가 어렵게 쌓아 올린 정의와 상식이 무너지는 것을 더는 두고 볼 수 없다. 검찰에서 제가 할 일은 여기까지다." 사퇴의 변에서 그는 자신이 불의한 문재인 정권과 싸우다가 희생된 정의로운 검사라는 주장을 펼친 것이다. 그리고 사퇴 시점은 다분히 최강욱 대표가 발의한 법안이 국회에서 통과될 것을 염두에 둔 선택으로 보였다.

그는 1년 7개월 동안 검찰총장으로 재직하면서, 살아 있는 권력인 문재인 정부를 스파링 파트너로 삼아 대권 도전을 위한 몸풀기를 확실하게 한 셈이 되고 말았다.

검사에서 대통령으로

검찰총장에서 사퇴한 뒤 그는 한동안 칩거한 채 국정 전반에 관해 '과외'를 받으면서 대권 도전을 준비하다가, 때가 되었다고 판단했는지 2021년 6월 29일에 제20대 대통령 선거 출마를 공식 선언했다. 한 달 후인 7월 30일에는 당 대표인 이준석이 지방에 있는 틈을 타, 그를 '패싱'한 채 전격적으로 국민의힘에 입당하여 대통령 후보 경선에 뛰어들었다. 국민의힘에 입당할 것인지, 새로 정치세력을 규합하여 제3지대에서 출마할 것인지를 고민하던 그는 권성동 등 친분이 있는 국민의힘 의원들과 물밑에서 교감하면서 입당 여부를 저울질했던 것 같다. 그리고 당내 경선에서 다선 의원인 홍준표·유승민·원희룡 등 '쟁쟁한' 정치인들을 물리치고 11월 5일에 국민의힘 전당대회에서 제1야당의 제20대 대통령 후보로 선출되었다. 치열한 경합을 벌였던 홍준표 의원에게, 당원 투표에서는 패배했지만, 국민 여론조사에서 승리함으로써 간신히 제1야당의 대통령 후보가 된 것이다. 그는 경선 과정에서 손바닥에 '王'자를 그리고 나와 무속 논란을 일으켰고, 토론 과정에서는 국정에 대한 무지와 철학의 부재를 드러냈으며, 잦은 실언으로 빈축을 사는 등 자질 논란이 격렬하게 일기도 했다. 당내 경선일이 임박했을 때에는 신천지 교단에서 조직적으로 지원했다는 폭로도 있었다. 때문에 그가 국민 여론조사에서 홍준표 후보를 누를 수 있었다는 의혹이 일었다.

그는 이러한 수많은 논란에도 불구하고, 2022년 3월 9일 제20대 대통령 선거에서 승리했다. 그리고 2022년 5월 10일부터 이 나라의 대통령이 된다. 대통령이라는 직위는 그 자신과 처가를 위한 보호막으로서는 필요할지 몰라도, 대한민국 공동체를 위해서는 매우 불행한 일이 될 것이다.

(2) 윤석열의 언행을 통해 본 대통령의 자질

그는 대통령이 되어서는 안 되는 사람이다. 그 이유를 꼽으라면 차고도 넘치지만, 크게 두 가지로 나누어 볼 수 있다. 첫째, 그는 한 나라를 5년 동안 맡아 운영해야 하는 대통령이 될 준비가 전혀 안 되어 있다는 것이다. 둘째, 그 자신과 그의 처가를 둘러싼 수많은 법적 · 도덕적 문제들이다. 그와 그의 처가는 이른바 '본부장' 비리로 일컬어지는 온갖 범죄에 연루된 의혹을 받고 있거나, 실제로 기소되어 재판을 받고 있다.

윤석열 자신이 밝힌 바에 따르면, 검찰총장을 사임한 뒤에야 대통령이 되기로 결심했다고 하니, 준비 기간이 불과 1년도 안 되는 상태에서 덜컥 대통령에 당선되었다. 자연히 준비가 부족할 수밖에 없었고, 그 징후는 후보 기간 동안에 각종 기이한 언행들을 통해 고스란히 드러났다. 그에게는 "1일 1실언"이라는 신조어가 생겨났고, 그의 〈어록〉이 등장할 정도였다. 거의 매일 그의 실언은 이어졌고, 그가 실언한 다음에는 캠프에서 그 발언을 해명하느라 진땀을 흘리는 일이 거의 매일 반복되었다.

그 사람의 언행은 곧 그 사람의 생각과 지식이 외화되어 나타나는 것이니, 그 사람의 언행을 보면 그 사람의 사람됨과 자질을 짐작할 수 있다. 그의 〈어록〉과 문제가 되었던 언행을 바탕으로 그의 사람됨과 대통령의 자질을 살펴보기로 하자.

그는 2021년 7월 19일 〈매일경제〉와의 인터뷰에서 자신감 넘치게 손동작을 곁들이며 말했다. "스타트업 청년들을 만났더니, 주 52시간 제도 시행에 예외조항을 둬서 근로자가 조건을 합의하거나 선택할 수 있게 해달라고 토로하더라. 게임 하나 개발하려면 한 주에 52시간이 아니라 일주일에 120시간이라도 바짝 일하고, 이후에 마음껏 쉴 수 있어야 한다는 것이다." 그의 노동 문제에 대한 인식이 어떤지를 짐작할 수 있는 말이었다. 하루가 24시간이라는 것조차 알고 있었는지 의심이 들 정도였다.

이어서 프리드먼의 말을 인용하면서 "먹으면 사람이 병 걸리고 죽는 거면 몰라도, 부정식품이라면 없는 사람들은 그 아래 것도 선택할 수 있게, 더 싸게 먹을 수 있게 해줘야 된다"고 하면서, 부정식품을 팔지 못하게 하는 것은 "소비자의 선택의 자유를 제한"하는 것이라고 주장했다.

2021년 7월 20일에는 대구에 가서는 당원들 앞에서 지역감정을 부추기는 충격적인 발언을 했다. "코로나가 대구에서 시작됐는데 잡혔다. 우리나라 사람이 그런 얘기 많이 한다. '초기 확산이 대구가 아니고 다른 지역이었다면 질서 있는 처치나 진료가 안 되고, 아마 민란부터 일어났을 거'라고 할 정도이다." 국민 통합을 주장하는 그의 구호가 얼마나 허무맹랑한 것인지를 짐작할 수 있는 발언이었다.

2021년 8월 2일, 당내 초선의원들 모임에 참석하여 이렇게 말했다. "얼마 전에 무슨 글을 보니 페미니즘이 너무 정치적으로 악용되어 남녀 간의 건전한 교제도 정서적으로 막는 역할을 많이 한다는 얘기도 있다." 그러면서 페미니즘이 저출생의 원인이라는 저급한 인식을 고스란히 드러냈다.

2021년 8월 4일 〈부산일보〉와 인터뷰에서는 그의 무지가 어느 정도인지를 짐작할 수 있는 발언이 나왔다. "우리나라에 들어오는 원전은 체르노빌하고 다르다. 일본에서도 후쿠시마 원전이 폭발한 것은 아니다. 지진 하고 해일이 있어서 피해가 컸지만 원전 자체가 붕괴된 것은 아니다. 그러니까 방사능 유출은 기본적으로 안 됐다." 아마 초등학생도 알 만한 사실을 대통령 후보라는 사람이 모르고 있었던 것이다. 얼마나 한심하고 위험한 일인가!

2021년 9월 8일, 인터넷 언론인 〈뉴스버스〉가, 검찰이 검찰 출신 국민의힘 국회의원인 김웅 의원을 통해 야당 의원으로 하여금 고발하도록 사주했다는 내용의 녹취록을 폭로하여, 이른바 '고발 사주 의혹'을 제기하자, 자신을 음해하는 정치공작이라고 주장하면서 이렇게 말했다. "앞으로 정치공작을 하려면 인터넷 매체나 재소자, 의원 면책특권 뒤에 숨지 말고, 국민이 다아는 메이저 언론을 통해서, 누가 봐도 믿을 수 있는 신뢰 가는 사람을 통해서 문제를 제기했으면 좋겠다." 메이저 언론은 믿을 수 있고, 인터넷 매체 등 작은 언론은 믿을 수 없다는 천박한 언론관을 드러냈다.

2021년 9월 13일, 안동대에서 학생들과의 간담회에서는 이렇게 말했다. "지금 기업이 기술로 먹고살지, 손발로 노동을 해서 되는 게 하나도 없다. 그건 인도도 안 하고 아프리카나 하는 것이다." 그의 노동관과 산업에 대한 인식이 얼마나 왜곡되어 있는지를 단적으로 보여주는 발언으로, 이런 사람이 어떻게 한 나라의 경제를 정상적으로 작동하게 할 수 있겠는가.

2021년 9월 23일, 국민의힘 당내 경선 토론에서는, 유승민 전 의원이 "혹시 직접 주택청약통장 같은 거 만들어 본 적이 있습니까?"라고 묻자, "집이 없어서 만들어보지 못했습니다"라고 답변했다. 집이 없는 사람이 집을 마련하기 위해 만드는 것이 주택청약통장이거늘, 집이 없어서 만들지 못했다니!

기가 막힌다. 그걸로도 모자랐는지, 그걸 해명하는 과정에서는 농담 삼아 이렇게 말했다. "가십이 되면 그걸 보고 재미있어 하는 사람들이 있지 않겠습니까? 가십거리를 제공하는 것도 정치인의 하나의 서비스 정신입니다"라고 하여 국민을 경악하게 만들었다. 대통령이 되면 국민을 즐겁게 해주기 위해 실언으로 국민을 즐겁게 해주겠다는 말인가? 도대체 한 나라의 대통령 후보가 어떻게 저런 저질 개그를 말을 할 수 있는가?

2021년 10월 1일, 국민의힘 당내 경선 제5차 토론회에서는 손바닥에 "王"자를 그리고 나온 사실이 네티즌들에 의해 밝혀졌다. 그리고 앞선 토론회 영상을 확인한 결과 3차, 4차 토론회에서도 같은 행위를 했음이 확인되었다. 그렇지 않아도 그와 그의 아내 김건희 씨가 무속에 심취해 있다는 소문이 무성하던 차에 이러한 행위가 드러나자, 무속 논란은 더욱 거세게 일어났다. 그의 캠프 대변인은 이에 대해 이렇게 해명했다. "10월 1일 오전, 후보가 차를 타려고 집 밖으로 나오는데, 동네의 연세가 좀 있으신 여성 주민 몇 분이 후보를 붙들고 '토론회 잘하시라'며 격려 차 적어준 것이다. 후보 손금을 따라 그은 건데 처음에 물티슈로 닦았지만 안 지워졌고, 알코올 성분이 있는 세정제로 다시 닦아도 지워지지 않았다. 결국 지우지 못한 채 그대로 방송에 나가게 된 것이다. 그런 생각이 있었다면 방송에는 반창고 등으로 가리고 나가지 않았겠느냐?" 그러나 "지우려고 했는데도 지워지지 않았다"는 이 해명이 거짓으로 밝혀지면서, 동네 주민이 써주었다는 주장도 거짓이라는 의심이 확산되었다.

2021년 10월 19일, 당원들과의 간담회에서는 그야말로 핵폭탄급 '실언'이 터져 나왔다. "전두환 전 대통령이 군사 쿠데타와 5·18만 빼면 정치는 잘했다고 말하는 호남분들이 많다." 이준석 당 대표를 비롯해 국민의힘이 호남에 나름대로 공을 들이고 있던 시점에 나온 이 발언은 호남뿐 아니라 전 국민의 분노를 자극했다. 호남을 비롯한 전국의 시민들과 민주당뿐 아니라 국민의힘 내부에서도 비판의 목소리가 나오고, 각계각층에서 사과를 요구했지만, 그는 발언의 진의가 왜곡되었다며 사과를 거부했다. 사태가 심상치 않게 돌아가자, 결국 21일에 그는 사과문을 발표했다.

그러나 다음날 새벽에 윤석열 후보의 개인 인스타그램에는 "석열이 형은 지금도 과일 중에 사과를 가장 좋아한답니다"라는 글과 함께, 그의 반려견 토리에게 사과를 주는 사진이 올라왔다. 자신이 전날 사과한 것을 조롱하는 내용으로 비춰질 수밖에 없는 내용이어서 "국민을 우롱했다"는 비판과 함께 한동안 정국의 뜨거운 이슈가 되었다.

2021년 12월 22일에는 전북대 학생들과의 간담회에서 또 역대급 망언이 터져 나왔다. "극빈의 생활을 하고 배운 게 없는 사람은 자유가 뭔지도 모를 뿐 아니라, 자유가 왜 개인에게 필요한지 필요성 자체를 느끼지 못합니다. 일정 수준의 교육과 기본적인 경제 역량이 있어야만, 자유가 뭔지 알게 되고, 왜 자유가 필요한지 알게 되는 것입니다." 금수저로 태어나 경제적으로 어려움을 모르고 자란 데다, 검사로 사회에 진출하여 곧바로 막강한 권력을 누리는 위치에만 있었던 사람의 가난한 사람에 대한 인식이 어떤지를 단적으로 드러내 주는 막말이었다. 이는 대통령으로서 중대한 결격 사유이다.

그는 또한 이미 시행되고 있는 제도를 정책 공약이라고 발표하는 등 현실을 너무 모르거나 터무니없이 무지하고 무식한 발언들을 반복하자, "냉동인간" "빙하 타고 온 둘리"라는 조롱을 당하기도 했다. 몇 가지 예를 들어보자.

2021년 12월 22일, 전북대 학생들과의 간담회에서 "조금 더 발전하면, 학생들 휴대폰으로 앱을 깔면 어느 기업이 지금 어떤 종류의 사람을 필요로 한다는 것을 실시간 정보로 얻을 수 있을 때가, 아마 여기 1, 2학년 학생이 있다면 졸업하기 전에 생길 거 같아요"라고 말하여, 참석한 학생들을 어리둥

절하게 만들었다. 이런 사람이 4차산업혁명 운운한다는 게 말이 되는가?

2022년 2월 9일에는, 방송인 홍진경 씨가 운영하는 유튜브 채널 〈공부왕 찐천재〉에 출연하여 패널들에게 이차방정식을 알려주는 과정에서 "중학교 까지는 정규 교과과정을 똑같이 배우는 시간을 줄이고, 고등학교 때는 학교 를 나눠야 한다. 기술고등학교, 예술고등학교, 과학고등학교로"라고 말했다. 이미 1970, 80년대부터 시행되고 있는 제도를 미래의 비전으로 발표하면서, 마치 중대한 발명이라도 한 듯이 의기양양해 하는 표정이라니!

이 밖에도 이러한 사례는 부지기수였다. 예를 들면 그는 토익과 한국사 시험 취득 점수 인정 기간을 2년에서 5년 늘이겠다고 했는데, 이는 이미 문 재인 정부가 2020년부터 시행하고 있는 제도이다. 또 대통령 직속 과학기술 자문위원회를 만들겠다고 공약했는데, 이 기구는 이미 20년 전에 설치되어 가동되고 있는 기구이다. 그리고 산모의 산후우울증 치료를 위해 임신 1회 당 60만 원의 바우처를 주겠다고 공약했지만, 이미 문재인 정부가 2022년부 터 출산한 여성에게 100만 원의 바우처를 지급하고 있다. 또 온실가스 감축 을 의무화하겠다는 공약도 이미 시행 중에 있는 제도인데, 그는 자신의 공약 이라고 발표했다. 이런 웃지 못할 일들은 일일이 나열하기도 벅찰 정도이다. 이런 사람이 대통령이 되겠다고 하니, 어찌 그냥 보고 있을 수 있겠는가!

대통령이 될 자질도 없고, 학습도 전혀 되어 있지 않음은 더 이상 증명할 필요가 없을 정도이다.

또 검찰에서 몸에 밴 그의 오만하고 무례한 행동도 끊임없이 구설수에 올 랐다. 열차 안에서 구두를 신은 채로 맞은 편 의자에 다리를 뻗어 걸치고 있 는 모습을 측근이 자신의 페이스북에 올려 국민으로부터 거센 빈축을 샀다. 또 유세 과정에서는 마이크 소리가 작다고 스탭들에게 반말로 "마이크 다 꺼"라고 소리를 지르며 화를 내는가 하면, 연단으로 향하는 자신에게 다가와 몸을 만지며 친근감을 표시하는 선거운동원에게 삿대질을 하며 꾸중을 하더니, 연단으로 향하다가 분을 삭이지 못하고 다시 돌아서서 그 선거운동원을 향해 고함을 치는 모습에서 그의 인성과 자질을 충분히 엿볼 수 있었다.

문재인 대통령 같은 겸손한 모습은 단 한 번도 보여준 적이 없다. 이런 사람이 대통령이 되었으니, 임기 중에 국민이나 정부의 공직자들을 어떻게 대할지 짐작이 되고도 남는다.

(3) '본부장' 비리 및 범죄 의혹

역대 대통령들 중 윤석열 당선인만큼 본인과 가족들이 각종 비리 및 범죄 의혹에 휩싸여 있는 경우는 없었다. 그가 대통령에 출마하면서 내세웠던 캐치프레이즈라고 할 수 있는 "공정과 상식"과는 너무나 동떨어진 삶을 살아온 것은 아닌지 의심하지 않을 수 없다.

1) 본인 관련 의혹들

윤석열 당선인 본인과 관련된 의혹들로는, 언론에 보도된 바에 따르면 주로 다음과 같은 것들이 있다. 1) 1982년의 군 입대를 위한 신체검사에서 군 면제 사유인 '부동시' 시력을 조작했다는 의혹, 2) 2001년 부산지검에 근무할 당시 경남도청 7급 공무원 공채시험에서 시험관들의 성적 조작 사건의 수사를 무마했다는 의혹, 3) 2005년 삼부토건의 파주 운정지구 부정 비리 수사 무마 의혹, 4) 2007년 논산지청장으로 재직할 때 백제병원 리베이트 사건의 봐주기 수사 의혹, 5) 2008년의 BBK특검 소속 수사검사로서 이명박에게 면죄부를 주었다는 의혹, 6) 2010년 대검 중수2과장일 때 C&그룹을 대상으로 한 기획 표적 수사 의혹, 7) 2011년 성남시 대장동 개발 사업과 관련해, 김만배·남욱 일당이 사업을 시작하는 종잣돈이 되었던 부산저축은행 불법 대출 사건 부실수사 의혹, 8) 2012년 윤우진 용산세무서장 뇌물수수 사건 수사 무마 개입 의혹, 9) 2019년, 대장동 사건 주범인 김만배 씨 누나가 연희동에 있는 그의 부친의 주택을 매입한 의혹 등 수십 가지나 된다.

다른 사건들도 마찬가지지만 '윤우진 뇌물사건'과 '부산저축은행 불법 대출사건'의 수사 진행 과정을 살펴보면, 너무나 황당하여 입을 다물 수 없을 정도다.

▌윤우진 뇌물 사건 수사 무마 의혹   2012년 2월, 서울경찰청 광역수사대가 윤우진 용산세무서장의 뇌물수수 의혹 사건 수사에 착수했다. 이른바 '윤우진 뇌물 사건'의 시작이다. 윤 씨는 당시 대검찰청 중앙수사부 첨단범죄수사과 과장이던 윤대진 검사의 형이고, 윤대진 검사는 당시 대검찰청 중앙수사1과장이던 윤석열 검사의 측근이자 아끼는 후배였다. 그리고 윤우진과 윤석열 과장은 함께 골프를 치고 식사를 할 정도로 절친한 사이였던 것으로 알려졌다. 윤우진 씨의 혐의는 2010년부터 2011년 사이에, 서울 마장동 소재의 한 육류업체 사장인 김모 씨와 세무사 안모 씨 등에게서 현금과 골프비 대납 등의 명목으로 1억 원이 넘는 뇌물을 받았다는 것이었다. 그러나 수사가 일정 정도 진척되어 경찰이 검찰에 압수 수색 영장을 신청했는데, 특별한 이유 없이 여러 차례 기각되면서 경찰 수사는 답보 상태에 빠진다. 검찰이 사실상 수사를 방해했기 때문이다. 그렇게 수사가 지지부진한 틈을 타 현직 세무서장인 윤우진은 해외로 도피해버렸다. 그러자 인터폴에 적색수배 대상자가 되었고, 결국 2013년 4월에 태국에서 체포되어 국내로 압송된다. 경찰은 즉시 검찰에 체포영장을 청구했지만, 이번에도 검찰은 체포영장마저 기각한다. 경찰은 어쩔 수 없이 뇌물수수 혐의로 수사를 받자 해외로 도피했다가,

인터폴 수배를 통해 국내로 압송된 현직 세무서장을 석방할 수밖에 없었다. 일반적인 상식으로는 도무지 이해할 수 없는 일이 벌어진 것이다. 경찰은 더 이상 수사를 진행할 수 없자, 2013년 8월에 수사의견서를 첨부하여 사건을 검찰로 송치한다. 경찰의 수사의견서에는 "윤우진 전 용산세무서장이 육류 수입업자와 세무사에게서 총 8건, 1억 3,800만 원가량의 뇌물을 받아 챙겼다"라고 기록되어 있었다고 한다. 그러나 검찰은 이로부터 1년 6개월 후인 2015년 2월에 윤우진의 모든 혐의에 대해 "혐의없음"으로 처리하고 사건을 종결한다.

그런데 이 사건이 다시 주목을 받는 일이 발생했다. 앞에서도 언급했듯이 바로 2019년 7월 8일에 윤석열 검찰총장 후보자의 인사청문회장에서였다. 야당인 자유한국당 의원들은 청문회 내내 당시 윤석열 과장이 대검 중수부 출신인 이남석 변호사를 소개해주었다는 의혹에 대해 추궁했지만, 윤석열 후보자는 전면 부인했다. 그러나 청문회 막바지에 〈뉴스타파〉가 윤석열 후보자가 기자와의 통화에서 자신이 이남석 변호사를 윤우진 서장에게 직접 소개해줬다는 육성 녹음 파일을 공개했다. 청문회장은 순식간에 벌집을 쑤신 듯했고, 윤석열 후보자의 얼굴은 흑빛이 되었다. 그러나 문재인 대통령은 국민들의 신망이 높았기 때문에 임명을 강행했다.

그리고 '조국 사태'를 계기로 윤석열 검찰총장과 문재인 정부의 갈등이 최고조에 이르렀던 2020년 10월 19일에 당시 추미애 법무부 장관은 수사지휘권을 발동하여 이 사건을 비롯한 다섯 가지 사건에 대해 윤석열 검찰총장의 수사 지휘를 배제했다. 검찰은 스스로 자신의 치부가 드러나는 것을 원치 않았기 때문에 수사에 착수하지 않다가, 이후 〈뉴스타파〉의 새로운 보도가 이어지면서 영상을 통해 윤우진의 뇌물 수수 혐의가 구체적으로 드러났고, 윤우진의 입을 통해 윤석열 검사가 자신에게 이남석 변호사를 소개해줬다는 증언도 확보되었다. 그러자 시민단체는 윤석열 검찰총장을 고발했다. 혐의는 다음 세 가지였다. 첫째, 뇌물사건 피의자인 윤우진에게 변호사를 소개한 혐의(변호사법 위반 혐의). 둘째, 윤우진에게 변호사를 소개한 사실이 없다는 거짓 주장을 문서로 작성해 국회에 제출한 혐의(허위공문서 작성 및 동행사). 셋째, 2012년부터 2013년까지 이른바 '윤우진 뇌물 사건'에 관한 경찰 수사를 방해한 혐의(직권남용 권리행사방해 혐의) 등이다.

그리고 마침내 2021년 12월 29일, 검찰은 '윤우진 뇌물 사건'에 대한 재수사 결과를 발표했다. 윤우진 전 서장을 2억 원의 뇌물 수수 혐의로 기소한 것이다. 6년 전에 자신들이 "혐의없음" 처리했던 사건이 똑같은 검찰에 의해 뇌물 수수 사실이 인정된 것이다. 그러나 시민단체 등이 고발한 윤석열 검찰총장에 대한 혐의에 대해서는 모두 무혐의 처분을 하여 면죄부를 주었다.(이상은 〈뉴스타파〉의 보도 내용을 요약한 것이다.)

이게 윤석열 검사가 주장하는 공정과 상식인 것이다. 만약 윤석열 검사가 정의로운 검사였다면, 더구나 고위 공무원의 범죄를 수사하는 대검찰청 중수부 과장의 직무를 충실히 수행했다면, 아무리 자기가 아끼는 후배 검사의 친형일지라도, 아무리 자신과 호형호제하는 관계라 할지라도, 후배 변호사를 소개하여 처벌을 면하게 해줄 것이 아니라, 사적 관계를 고려하지 않고 오히려 더 철저히 수사해서 단호하게 처벌했어야 하지 않는가?

▎부산저축은행 불법 대출 사건 부실수사 의혹　　윤석열 당선인은 2011년 당시 대검찰청 중수2과장으로서, 부산저축은행 불법 대출 관련 사건 수사의 주임검사였다. 사건의 개요는 다음과 같다.

2009년 당시 부산저축은행(대표 이강길)은 남욱 변호사와 정영학 회계사 등 민간개발업자에게 프로젝트파이낸싱(PF) 방식으로 1,155억 원을 대출해줬는데, 이 금액은 당시 부채가 자산보다 3배 가까이 많은 부실한 부산저축은행 총자산의 8.76%에 달하는 엄청난 액수였다. 이러한 대출이 가능했던 것은 박연호 부산저축은행 회장의 사촌 처남인 조우형이 이들로부터 10억 3천만 원의 뇌물을 받고 알선했기 때문이다. 조우형은 이 혐의 등으로 2012년 2월부터 대검 중수부에서 조사를 받았는데, 결국 무혐의 처분을 받고 풀려났다. 이후 지난해인 2021년에 대장동 사건이 터지면서, 김만배·남욱 등이 구속되어 수사를 받는 과정에서 이 사건에 대해 남욱 변호사가 검찰에서 당시 수사받았던 상황을 진술한 내용을 jtbc가 공개했다. 그 진술 내용을 보면 충격적이다. 남욱·김만배·조우형 등 세 사람이 대검 중수부로부터 두 번째 소환되어 출석하기 전에 대법원 주차장에서 만났는데, 김만배가 조우형에게 "오늘은 올라가면 커피 한 잔 마시고 오면 된다"고 했고, 조우형은 조사를 받고 나온 뒤에 "실제로 주임검사가 커피를 타줬고, 첫 조사와 달리 되게 잘해줬다"라고 말했다는 것이다. 이 주임검사가 바로 대검 중수2과장이던 윤석열 검사였다. 당시 검찰은 부산저축은행 불법 대출 관련으로 70여 명이나 구속 기소했지만, 조우형만 무혐의 처분을 받았다. 당시 조우형의 변호인은 윤석열 과장과 각별한 관계인 박영수 전 특검이었다. 민주당과 시민단체들은 박영수-윤석열 커넥션이 없었다면 그게 가능했겠냐고 반문하고 있다. 그러나 윤석열 당선인은 대통령 선거운동 기간에, 기자들로부터 이에 대한 질문을 받자, "로비는 없었다. 특검으로 밝히자"고 주장하면서 자신의 혐의를 전면 부인했다. 이렇게 구체적인 증언이 있음에도 그는 자신이 아무 잘못을 저지르지 않았다고 강변하고 있는 것이다. 이 두 사건만 보더라도, 윤석열 후보가 말하는 "공정과 상식", 그가 즐겨 쓰는 "정의와 법치"가 무엇인지 짐작하고도 남는다.

2) 부인 김건희 씨 관련 논란과 의혹들

부인 김건희 씨와 관련된 의혹들도 일일이 나열할 수 없을 정도로 많고 다양하다. '쥴리' 논란을 비롯해, 20여 건에 달하는 학력 및 경력 위조 혐의, 양도세 포탈 혐의, 논문 표절 의혹, 각종 무속인 관련 논란, 자신이 대표로 있는 회사인 코바나컨텐츠 주관 전시회의 불법 협찬 의혹, 도이치모터스 주가조작 사건 연루 의혹 등이다.

이 중 도이치모터스 주가조작 혐의는 배우자인 윤석열 검사가 수사를 무마했다는 의혹을 사고 있다. 비상장사였던 도이치모터스가 2009년에 상장사를 인수하여 코스닥 시장에 우회 상장했는데, 이후 도이치모터스 대주주들 사이에 의심스러운 거래가 이루어지면서 주가가 폭등했다. 이에 대해 2013년에 경찰이 혐의를 잡고 내사했으나, 금융감독원 측의 비협조 등으로 수사가 진척되지 못하다가 무혐의로 종결되었다. 이 과정에서 검찰의 외압이 작용했다는 의혹을 사고 있다.

그 후 2020년 4월, 열린민주당의 최강욱 대표가 다시 윤석열 후보의 부인 김건희 씨와 김씨의 어머니이자 윤석열 당선인의 장모인 최 모씨를 자본시장법 위반 혐의로 고발하면서 검찰 수사가 다시 시작되었다. 그리고 2021년 11월 16일, 권오수 도이치모터스 회장을 비롯해 연루자들이 모두 구속되었지만, 김건희 씨는 검찰 소환에 불응하면서 대통령 선거가 끝나면 출석하겠다고 밝힌 바 있다. 그러나 남편이 대통령이 되었으니 그가 처벌받을 가능성은 거의 없다고 봐야 할 것이다.

3) 장모 최 모씨 관련 의혹들

윤석열 당선인의 장모이자, 김건희 씨의 어머니인 최 모씨의 최근 20여 년 동안의 행적을 보면, 이 나라에 과연 '법치'가 존재하는지 의심이 들 정도다. 어떻게 저런 사람이 백주에 거리를 활보하며 살 수 있는가? 어떻게 저런 사람이 최고급 벤츠 승용차를 몰고, 수백억 원은 족히 될 것으로 추정되는 재산을 갖고 호의호식하며 살 수 있는지 이해할 수 없다.

그와 관련된 불법 비리 의혹들은 대체로 규모가 수십억 내지 수백억 원에 이르는 대규모 사건들이고, 범죄 혐의가 다분한데도 거의 형사 처벌을 받은 적이 없었다.

그를 아는 사람들의 증언에 따르면, 그는 남편과 사별한 뒤 양장점 · 포장마차 등으로 생계를 유지했다고 한다. 그러다가 남편의 유산인 잠실 소재 땅을 매각하여 마련한 돈으로 1992년에 남양주의 한강변에 "프리즘 모텔"이라는 러브호텔을 지었는데, 이곳은 상수원 보호구역이라 건축 허가를 얻기가 매우 힘들었다고 한다. 그러자 그는 보안사 요원을 통해 쉽게 로비를 하여 무사히 준공 허가를 얻어냈다고 한다. 그리고 모텔 사업이 잘 되어 돈을 모으자, 지하에 유흥주점이 있고 지상 5층의 객실이 있는 "뉴월드 호텔"로 격상시켜 사업을 확장했다. 사업이 번창하던 중에 불법 증축을 단속하던 당국에 발각되어 처벌받을 위기에 처했다. 당시 불법 증축이 성행하여, 주변 모텔들도 대거 단속에 걸렸다. 이때 그는 자신의 내연남을 통해 당시 관할 검찰청인 의정부지청에 근무하고 있던 홍만표 검사의 장인을 소개받았고, 홍만표 검사 덕에 벌금형 처벌만 받았다고 알려져 있다. 아마 그는 이때 검사의 막강한 권력에 "매료"되었던 것 같다. 그리고 그는 사업을 계속 확장하여, 미시령휴게소 운영자에게 접근하여 동업을 하다가, 자신이 인수하여 큰돈을 벌었다고 한다.

그는 '사업수완'이 뛰어나고, 돈에 대한 집착이 대단히 강한 사람으로 보인다. 그리고 사업 과정에서 돈과 권력의 속성을 깨닫고 그것을 철저히 활용했던 것 같다. 그와 동업했던 사람들은 모조리 그와 민 · 형사 소송에 휘말렸고, 결국 그들은 투자금을 모조리 잃고 빈털터리가 된 채 투옥되었다. 가장 대표적인 것이 정대택 씨와 관련된 사건으로, 이 사건으로 인해 정대택 씨는 모든 것을 잃고 지금 이 순간까지 18년간의 처절한 법적 투쟁을 벌이고 있다. 그 진행 과정을 보면 한 편의 범죄 영화를 보는 듯하다.

▌정대택 씨와의 분쟁　사건의 발단은 2003년으로 거슬러 올라간다. 정 씨는 경매에 나온 송파구 소재의 한 스포츠센터에 대한 근저당부 채권을 매입하기 위한 사업을 추진하던 중, 지인의 소개로 김명신(김건희 씨의 개명 전 이름) 씨의 어머니 최 모씨가 계약금 10억 원을 투자하기로 하고, 나머지 90억 원은 정 씨가 프로젝트 파이낸싱으로 마련하기로 하면서 두 사람의 동업은 시작된다. 두 사람은 이 스포츠센터를 낙찰받는 데 성공하면, 다시 되팔아 이익금을 똑같이 나누어 갖기로 법무사 입회하에 약정서를 작성했다. 법무사는 바로 정대택 씨의 중학교 동창이자 검찰 수사관 출신인 백윤복 씨였다. 그리고 그 스포츠센터 건물을 낙찰받았고, 되팔아 53억 원 정도의 차익이 발생했다. 두 사람이 똑같이 26억 5천만 원씩 나누어 가지면 깨끗이 끝나는 문제였다. 그러나 건물을 자신의 명의로 낙찰받은 최 씨가 정 씨에게 배당금을 주지 않고 차일피일 미루자, 정 씨는 최 씨에 대해 가압류 조치를 한 다음 법적 절차를 밟았다. 최 씨도 그해 연말에, 정 씨가 수익금을 나누어 갖기로 한 약정서를 쓰도록 자신에게 강요했다고 주장하며 "강요 및 사기 미수" 혐의로 맞고소했다.

　맞고소하기 전에 최 씨는 스포츠센터 시세 차익을 독차지하기 위해 백 법무사를 매수했다. 최 씨는 백 법무사에게, 소송에서 승소하면 정대택 씨에게 주기로 했던 26억 원의 절반인 13억 원을 줄 테니, 재판에 증인으로 출석하여 자신에게 유리하게 위증을 해달라고 매수한 것이다. 최 씨가 백 법무사에게 "현직 검 · 판사에게 알아보니, 약정서와 합의각서는 백 법무사 당신이 작성한 게 아니라 정대택 씨가 임의로 작성했다고 증언만 해주면, 정대택을 강요죄 등으로 처벌할 수 있다고 하니, 당신이 도와달라. 돈은 얼마든지 들어가도 좋다"고 하자, 백 법무사가 "약정서와 합의각서에 내 도장도 있고, 내가 작성했다는 근거가 있는데 어떻게 그럴 수 있느냐"며 거부했다. 그러자 최 씨는 "도장은 지우면 된다"고 하면서 검찰에서 다 알아서 해줄 거라고 안심시켰다는 것이다. 이에 백 법무사가 "검찰에서 봐주더라도, 판사가 짱구냐?"고 핀잔을 주자, 최 씨는 역정을 내면서 "참 순진하네요. 돈 싫어하는 판사 보셨어요?"라며 안심시켰다는 것이다. 결국 1심 재판에서 정 씨는 징역 1년에 집행유예 3년을 선고받았다. 백 법무사의 위증 덕분에 최 씨가 승소한 것이다. 그런데 최 씨가 이번에는 백 법무사에게 주기로 약속했던 13억 원은 주지 않고, 현금 2억 원과 김건희 씨가 살던 아파트 한 채 등 5억여 원만 주고 끝내려고 하자, 최 씨의 비열한 행위에 대해 분노한 데다, 양심의 가책을 느낀 백 법무사가 2004년에 "더 이상 위증을 하여 도와주지 않겠다"고 선언했다. 다급한 최 씨는 딸인 김명신을 통해 1억 원짜리 수표를 주며 다시 회유하려 했으나, 백 법무사는 이를 거부하고, 2005년에 열린 재판에서는 자신이 위증한 내용을 밝히면서 사실대로 증언한다. 그러나 어찌 된 일인지, 그는 증언을 번복한 뒤 8일 만에 위증죄가 아니라, 변호사법 위반으로 기소되어 2년의 실형을 선고받는다. 검찰이 백 법무사를 기소한 내용은 변호사 자격증이 없는 그가 최 씨에게 법률 상담을 해주고 대가를 받았고, 전직 검찰 공무원 신분을 이용해 부정한 청탁을 했다는 것이었다. 위증죄로 처벌할 경우, 정대택 씨는 무죄가 입증되고, 반대로 최 씨는 위증교사죄로 처벌을 받게 될 것을 우려한 검찰의 꼼수였다고 정대택 씨는 주장한다. 그리고 정대택 씨도 백 법무사가 증언을 번복했음에도 오히려 법정 구속되었고, 대법원까지 가는 소송을 벌였지만, 결국 2006년에 징역 2년형이 확정되어 억울한 옥고를 치렀다. 여기에서 한 가지 주목할 만한 점은, 이때 최 씨의 딸인 김명신 씨가 가락동에 있는 자신의 아파트에서 2004년부터 양재택 부장검사와 동거하고 있었다는 정대택 씨의 주장이다. 정대택 씨는 양 검사가 이 소송에 개입했기 때문에 자신이 억울한 옥고를 치렀다고 주장하고 있다. 김명신 씨가 양재택 부장검사와 동거하고 있었다면, 충분히 개연성이 있는 주장이다.

백 법무사는 2년의 형기를 마치고 출소한 후인 2008년 8월 22일에, 다시 자신이 정대택 씨 재판에서 모해위증했다는 내용의 자수서를 작성하여 송파경찰서에 자수했고, 정대택 씨도 다시 최 씨와 그의 딸 김명신 씨를 고소했다. 그렇지만 검찰은 이들 모녀에 대한 고소는 모두 불기소 처리하고, 오히려 정대택 씨에 대해서는 1,000만 원의 벌금을 선고했다.

정대택 씨는 계속 최 씨를 고소했지만, 검찰은 최 씨에 대해서는 모두 불기소 처분하고, 정 씨는 2017년에 다시 무고죄로 법정 구속되어 또 1년의 실형을 선고받는다.

최 씨 모녀가 '사업'을 하는 행태는 대개 이런 패턴을 반복한다. 즉 돈이 될 만한 부동산 물건이 있으면, 적은 돈을 투자하여 동업자로 참여한다. 그리고 큰 차익이 생기면 동업자를 사기 · 강요 등의 죄목으로 고소하여 형사처벌을 받게 한 다음, 자신들이 투자금과 이익을 모조리 독식하는 것이다.

이러한 수법으로 큰 차익을 챙기거나 동업자의 재산을 빼앗은 혐의를 받는 또 다른 사건들로는 다음과 같은 것들이 있다.

1) 2013년, '은행 잔고 위조 사건'으로 알려진 도촌동 땅 관련 사건이다. 최 씨는 348억 원에 달하는 신안저축은행의 잔고증명서를 위조하여, 실제로는 3억여 원을 투자하고도 실현된 차익 50억 원을 독차지했다. 반면 동업자인 안소현 씨에 대해서는 잔고증명서 및 당좌수표 확인서를 위조한 혐의로

형사 고발함으로써, 2년 6개월의 실형을 살게 만들었다. 사위인 윤석열 검사 덕분인지는 몰라도 최 씨는 그동안 기소조차 되지 않다가, 추미애 법무부 장관 때 재개된 수사를 통해 2021년 12월에 선고된 1심 판결에서 징역 1년을 선고받았고, 현재 2심이 진행 중이다.

2) 또 최 씨는 2012년에 '승은의료재단'을 설립하고 '메디플러스요양병원'을 개원하여 공동이사장이 되었다. 이 병원은 자격이 없는 사람이 설립하여, 불법으로 22억여 원의 요양급여를 부정 수급한 혐의로 수사를 받았다. 그 결과 다른 관련자들은 모두 형사처벌을 받는데, 유독 최 씨만 아무런 처벌을 받지 않았다. 그 후 2020년 11월에 이 사건도 추미애 법무부 장관이 수사지휘권을 발동하여 윤석열 검찰총장을 수사 지휘 라인에서 배제한 다음 재수사한 결과, 2021년 7월에 징역 3년을 선고받고 법정구속되었다가 보석으로 풀려났는데, 2심 재판부는 1심 판결과는 달리 무죄를 선고하여 윤석열 후보의 대선 출마에 걸림돌을 제거해 주었다.

3) 또 노덕봉 씨가 2006년부터 경기도 양주에 조성하던 1,800여억 원 규모의 추모공원도 최 씨가 동업자로 참여했다가, 비슷한 패턴으로 노덕봉 씨를 감옥으로 보내고, 최 씨 일당이 강탈했다는 주장이 제기되고 있다.

최 씨는 또한 불법 부동산 투기로 많은 돈을 벌었다는 의혹을 사고 있는데, 예를 들어 미공개 정보를 이용하여 100억여 원의 시세 차익을 남겼다고 알려진 아산 땅 투기 의혹(2001년), 100억 원의 개발 이익을 남긴 양평군 공흥 지구 편법 개발 의혹(2013년) 등이 그것이다.

최 씨는 위와 같은 여러 가지 사건들을 통해 거액의 이익을 취했지만, 윤석열 당선인이 검사로 재직하는 동안에는 전혀 기소도 되지 않았고, 당연히 아무런 처벌도 받지 않았다. 만약 검사 장모가 아니었다면 이러한 비상식적인 상황이 일어날 수 있었을까?

이렇게 번 돈으로 최 씨 일가는 전국 각지에 엄청난 부동산을 소유하고 있는 것으로 알려졌다. 지난 대선 기간에 민주당 선대위는 윤석열 후보의 처가가 전국에 19만여 평, 공시지가 344억여 원 상당의 부동산을 보유하고 있고, 이 중 상당 부분은 차명 소유라고 주장했다. 최 씨는 최고급 외제 승용차를 몰고, 수천만 원짜리 최고급 브랜드의 핸드백을 가지고 다니는 반면, 정대택·노덕봉 씨 등 그와 동업을 했던 사람들은 모든 재산을 하루아침에 날리고 집 한 채 없이 오피스텔에서 월세로 생활하고 있다.

내가 이처럼 장황하게 '본부장' 비리 의혹 중 정대택 씨 관련 사건을 기술한 까닭은, 정대택 씨를 향해 "돈을 노린 소송꾼"이라고 했던 윤석열 당선인이 위와 같은 구체적 진실을 알고 있는지, 알고 있는 데도 26년간 검사로 재직했던 사람의 시각으로 볼 때 여전히 그러한 생각에 변함이 없는지를 묻기 위함이다. 윤석열 당선인은 이게 "공정과 상식"인지, 이게 그동안 자신이 줄기차게 주장해온 그 "정의"인지, 이게 제대로 된 "법치"인지에 대해 답해야 한다.

(4) 윤석열의 리더십

윤석열 당선인은 1994년 3월에 검사에 임용되어 2021년 3월 4일에 검찰총장직을 사퇴할 때까지, 1년여 동안의 변호사 생활을 제외하면 26년 동안 오로지 검찰에서만 공직생활을 했다. 따라서 그의 선천적 캐릭터에다 검찰에서 형성된 리더십이 결합하여 지금의 윤석열 리더십이 형성되었을 것이다. 그가 선천적으로 어떤 성격의 소유자인지는 정확히 알 수 없다.

그렇다면 검찰은 어떤 조직인가? 검찰은 군대와 시스템과 문화가 매우 비슷하다고 할 수 있다. 철저한 상명하복에 길들여진 조직 문화가 그렇고, 아군과 적군, 합법과 불법의 이분법적인 사고 행태가 그렇다. 폭력적 조직은 항상 긴장된 상태에서 근무한다는 점이 똑같다. 양쪽 모두 스트레스가 강한 환경에서 근무하고 생활한다는 점이다. 군복 대신 법복을 입고, 총칼 대신 법이라는 폭력을 사용한다는 점이 다를 뿐이다. 따라서 그의 리더십은 군 출신인 전두환의 리더십과 유사한 점이 많아 보인다. 그의 대통령으로서의 롤모델은 전두환일 수 있다. 그는 후보 시절인 2021년 10월 19일에 부산에서 "전두환 전 대통령이 군사 쿠데타와 5·18만 빼면 정치는 잘했다고 말하는 호남 분들이 많다"라고 말했다. 이는 전두환에 대한 자신의 호감을 호남인들을 끌어들여 우회적으로 표현한 말이라고 생각한다. 우연한 말실수가 아니라는 뜻이다. 그럼 검찰의 특성에 비추어 윤석열 당선인의 리더십 요소들을 하나하나 짚어보기로 하자.

1) 상명하복의 일방적 리더십 검사는 한 사람 한 사람이 단독 관청의 신분이지만 헌법기관은 아니며, 수사에서 철저히 부장–차장–검사장의 지휘를 받는 조직이다. 검찰은 '검사 동일체 원칙'에 입각하여 검찰총장을 정점으로 일사불란한 상명하복에 따라 움직이는 조직이다. 군대와 마찬가지로 이른바 "안 되면 되게 하라!"는 무모함과 "까라면 까!"라는 절대복종의 명령체계가 작동하는 조직이다. 여기에 '대화'와 '소통'은 필요가 없다. 오로지 명령과 복종만 존재하는 것이다. 윤석열 당선인이 단 하루도 청와대에는 들어가지 않겠다면서 무리하게 국방부 청사로 대통령 집무실을 옮기겠다고 주장하는 이유로 내세우는 것이 "국민과의 소통, 참모들과의 소통"이다. 그가 얼마나 "소통"을 잘못 이해하고 있는지가 고스란히 드러난다. "소통"에 대한 훈련이 없었기 때문에 빚어진 결과라고 본다.

검찰과 군대 사이에는 약간의 차이도 있다고 본다. 군대는 평화시에는 그다지 긴장감이 높지 않지만, 검찰은 1년 365일 내내 긴장감 속에서 산다는 점이다. 그들은 하루하루가 전쟁이다. 검사는 10일 이내에 피의자의 자백을 받아내고 범행을 입증해 기소해야 한다. 또 재판 기간 내내 유죄 판결을 받아내기 위해 머리를 싸매고 판사를 설득하고 피의자를 공격해야 한다. 군대보다 더 스트레스를 많이 받기 때문에, 그들의 심리상태는 매우 불안하다. 선거 유세 과정에서 그런 모습들이 많이 노출되었다. 유세장에서 마이크 소리가 잘 안 나오자 연단 뒤쪽으로 가더니 스태프에게 호통을 치는 장면이 언론에 고스란히 노출되었다. "마이크 켜놨어? 마이크 다 꺼! 마이크를 켜놓으니까 내 마이크가 잘 안 들리잖아. 다 꺼!" 또 유세장에서 선거운동원이 다가와 몸을 만지며 스킨십을 하자, 분을 삭이지 못하고 삿대질을 하면서 호통을 치더니, 돌아서서 한두 걸음 연단으로 향하다가 분이 덜 풀렸는지 다시 돌아서서 그 사람에게 다가가 삿대질을 하며 고함을 치는 모습도 카메라에 잡혔다. 또 그들이 폭탄주를 즐기는 이유 중 하나가 바로 이러한 스트레스 때문이라고 알려져 있다.

그런데 윤석열 당선인의 '상명하복'은 일반적인 '상명하복'과는 좀 다르다. 그는 박근혜 정권하에서 진행된 '국정원 여론조작 사건' 수사의 주임검사였는데, 국정원을 압수 수색하지 말라는 상부의 명령을 따르지 않은 채, 압수 수색을 진행했고, 전직 국정원장들을 구속했다. 또 문재인 정부에서 현직 검찰총장으로서 "검찰총장은 법무부 장관의 부하가 아니다"라고 '선포'하고 지시를 거부했다. 그러나 역으로 자신의 지시를 거부하는 부하에 대해서는 용납하지 않는 이중성을 보였다. 2021년 '한명숙 전 총리 모해위증 사건'을 수사하던 임은정 부장검사(당시 대검찰청 감찰정책연구관)를 직무배제했다. 반면 자신을 따르는 소수의 핵심 참모들에 대해서는 철저히 감싸고 옹호했다. 대단히 위험한 독불장군식 '상명하복'의 리더십이다. 오로지 최고의 권력자가 되어야만 가질 수 있는 유일한 리더십인 것이다.

상명하복은 곧 불통과 통하는 말이다. 그가 저토록 무리하면서 대통령 집무실을 옮기려고 하는 이유로 말하는 것이 "국민과의 소통"이다. 그런데 그는 반대하는 여론이 찬성하는 여론보다 두 배 가까이 높은데도, 막무가내로 이전을 추진하고 있다. 한 기자가 이 점을 지적하자, 그는 "몇 대 몇 조사는 의미가 없다"면서 추진을 강행할 것임을 분명히 했다. 국민조차도 자신이 어떤 결정을 내리면 무조건 따라야 하는 부하 같은 존재로 여기는 것 같다. 그는 자신을 '王'으로 착각하고 있는 것은 아닌지 모르겠다. 그가 말하는 "국민과의 소통"이 얼마나 자의적이고 이중적인 것인지를 짐작할 수 있다.

2) 네거티브 리더십 검사의 미덕은 수사를 잘하는 것이다. 검찰은 처벌을 하는 기관이지 상을 주는 기관이 아니다. 많은 범죄자를 구속하여 처벌받게 해야 한다. 따라서 사람의 부정적인 면을 보는 데에는 매우 뛰어난 감각과 안목을 가졌지만, 그 사람의 장점과 밝은 면을 보는 데에는 훈련이 되어 있지 않다. 이러한 습성이 몸에 밴 그가 대통령 직무를 수행할 때에도 장관이나 참모들의 잘못은 눈에 잘 보이는데, 그들의 장점은 잘 보이지 않을 수 있다. 따라서 국무위원이나 청와대 참모들에 대한 호통이 많아지고, 임명직 공직자의 교체 주기가 빨라질 수 있다. 그렇게 되면, 당연히 장관이나 참모들은 대통령의 눈에 날까 두려워하여 직언을 하기 어려울 것이고, 국정 운영은 매우 혼선을 빚을 가능성이 있다. 그의 이러한 태도는 26년간의 검찰 생활에서 오랜 기간에 걸쳐 길들여졌기 때문에 쉽게 고쳐질 수 있는 게 아니다.

3) 이분법적 리더십 군대에서 가장 중요한 판단 기준은 '적군이냐 아군'이냐 일 것이다. 검사들의 판단 기준에서 가장 중요한 것은 '합법이냐 불법이냐'이다. 이러한 이분법적인 사고는 대통령의 리더십으로는 대단히 위험한 요소이다. 매우 단순하고 타협할 줄 모르는 방식이다. 그는 당선사례로 "통

합의 대한민국을 만들겠습니다"라는 문구의 현수막을 내걸었다. 그러나 이런 이분법적 사고에 젖어 있는 사람은 '통합'의 리더십을 발휘하기 어렵다. 그의 머릿속에는 이번에 그를 지지했던 사람들, 그를 반대했던 사람들, 자신을 지지했던 지역, 이재명을 지지했던 지역이 명확히 입력되어 있을 것이다. 그의 임기 내내 이것은 그의 머릿속에서 지워지지 않을 것이고, 정책 집행 과정에서 알게 모르게 반영될 것이다. 또 야당은 그에게 국정 파트너가 아니라 '적'으로 간주될 것이다. 선거운동 기간 내내 그가 민주당과 이재명 후보에 대해 취한 태도와 발언을 보면, 그는 매우 공격적이고 극단적인 언어로 공격했다.

이러한 부작용은 외교에서도 나타날 가능성이 높다. 외교에서의 이러한 이분법적 사고는 치명적인 결과를 초래할 수 있다. 친미 아니면 반미, 친일 아니면 반일, 친중 아니면 반중이다. 외교는 치열하게 주판알을 튀기며 밀당을 해야 하는 업무인데, 이렇게 이분법적 사고에 젖어 있고, 밀어붙이기가 몸에 밴 대통령이 장관이나 참모에게 일방적으로 지시하면, 그들은 대통령의 심기를 살피느라 국익에 어긋나더라도 반대 의견을 표명하지 못할 것이다. 대북 관계에서도 북한과의 대화보다는 우리의 요구를 받아들일 것인지 거부할 것인지, 양자택일하라고 강요하면 남북 관계가 더욱 악화될 것은 뻔하다. 당선인은 후보 시절 토론회에서, 북한에 대한 '선제타격'을 주장했다. 최악의 경우 대통령이 실제로 선제타격이라는 모험을 감행하지 않는다는 보장도 없다. 매우 위험한 리더십이다.

4) 폭력적 리더십 검찰이라는 조직은 원래 폭력적인 조직이다. 법을 집행하는 기구의 피할 수 없는 속성이다. 깡패가 폭력을 실현하는 수단은 칼과 몽둥이라면, 검찰이 폭력을 사용하는 수단은 법이다. 법은 국가가 정당성을

인정해준 합법적인 폭력 수단인 것이다.

그가 즐겨 사용하는 어휘들을 보면 매우 폭력적임을 알 수 있다. "절대로", "완전히", "철저하게", "뿌리를 뽑겠다" "버르장머리를 고쳐놓겠다" 등등인데, 이는 국가 지도자가 가볍게 써서는 안 되는 용어들이다. 아무리 좋은 가치라 할지라도 폭력을 수반하면 정당성을 잃게 되고, 많은 부작용을 초래할 수밖에 없다. 스스로 정의롭지 못한 사람은 자신의 콤플렉스를 보완하기 위해 정의로운 모습을 보여주려는 초조함이 생기는 법이다. 쿠데타로 정권을 탈취한, 가장 정의롭지 못한 전두환이 대통령에 취임한 뒤 내건 첫 번째 슬로건이 "정의사회 구현"이었다. 심지어 당명까지도 "민주정의당"으로 정했다. 그러나 그가 그 아전인수식 '정의'를 실현하는 방식은 너무나도 폭력적이었다는 것은 누구나가 다 아는 사실이다.

폭력의 또 다른 형태는, 자신의 판단을 절대적으로 신뢰하고, 자신의 잘못을 결코 인정하지 않는 모습으로 나타난다. 검찰의 속성이, 특히 특수부의 속성이 그러하다. 윤석열 당선인이 2013년에 국회 법사위 국정감사에 출석하여 '국정원 여론조작 사건'에 대한 질의에 대해, "수사라고 하는 것이, 초기에 어떤 사태를 딱 장악해가지고 어느 정도까지 갈 때는, 정말로 표범이 사냥하듯이 할 수밖에 없는 상황"이라고 말했다. 이 말을 다시 풀이하면, 범죄의 단서를 잡으면 자신들의 경험과 상상력을 동원하여 그 범죄의 전모에 대해 상상도를 그린 다음, 그 그림의 구도에 따라 쫓아가며 수사를 진행한다는 뜻이다. 이렇게 수사를 진행하다가, 그들이 피의자를 조사하는 과정에서 유죄의 근거를 찾지 못하면, 아니 무죄임을 확인하더라도, 수사를 중단하고 기소를 포기하지 않는다. 별건 수사를 하여 다른 범죄를 찾아내거나, 심지어 범죄를 조작해서라도 끝내 감옥으로 보내는 '사냥개 속성'이 있다. '한명숙 모해위증 사건'과 '조국 사건'이 이를 단적으로 보여준다. 수단과 방법을 가리지 않고 유죄 판결을 받아내어 한 인간을 감옥으로 보내는 것이 습성이다. 그는 선거운동 과정에서 '대장동 사건'과 관련하여, 민주당의 이재명 후보자를 향해 "확정적 중범죄자"라고 표현했다. 그의 머릿속에는 이미 이재명 후보가 '대장동 사건'의 주범이라고 입력되어 있고, 이는 절대 바뀌지 않을 것이다. 따라서 그가 취임한 후에, 한동훈 검사장 등을 수사부서로 재배치한 후에는 분명히 '대장동 사건'을 집중적으로 수사할 터인데, 그 과정에서 이재명 후보에 대해 어떤 수단과 방법을 동원해서라도 "확정적 중범죄자"로 만들어내려 할 것이다. 노무현 전 대통령을 그랬듯이, 조국 전 장관을 그랬듯이 말이다.

이 외에도 여러 가지 리더십의 문제적 요소들이 많이 있겠지만, 위와 같은 리더십의 부정적 요소들만으로도 국가 최고 지도자에는 맞지 않는다는 것을 알 수 있다. 수사기관에서 평생 근무한 사람이 국가의 최고 지도자가 되면 위험한 이유이다.

(5) 윤석열 정부에서 벌어질 일들

윤석열 당선인은 사회에 진출한 이래 거의 대부분의 시간인 26년을 검사로만 살아왔다. 정치의 경험이 전무하고, 국정 전반에 대한 이해가 부족하다는 것은 그가 후보 시절에 했던 발언과 행동을 통해서 온 국민이 알고 있다. 그런 그가 대통령으로 취임하면 어떤 일들이 벌어질지 참으로 걱정이다. 수많은 국정 현안이 산적해 있음에도 불구하고, 당선 직후에 가장 먼저 자신의 집무실을 무리하게 옮기겠다며 고집을 부리고 있는 것을 보면, 바로 향후 5년이 어떠할지를 짐작할 수 있다.

그의 개인적인 자질뿐 아니라, 그를 둘러싼 현재의 정국 자체가 그에게는 매우 어려운 환경이다. 우선 민주당이 의회의 절대다수를 차지하고 있는 여소야대 정국이라는 점이다. 또 국민의힘 당 내부를 보자면, 복잡한 세력들이 난마처럼 얽혀 있어, 언제 이들 세력과 개인들 간에 권력투쟁이 폭발할지 알수 없는 불안 요소가 잠재해 있다. "윤핵관"을 중심으로 한 윤석열 친위 그룹, 유승민계와 홍준표계 전·현직 의원들, 안철수의 국민의당 세력, 이준석당 대표 라인, 김건희 씨의 비선 인물들, 검찰 내의 "윤석열 사단" 등이 서로를 호시탐탐 노려보고 있을 것이다. 만약 임기 초반에 조기 레임덕이라도 시작된다면, 이들은 이전투구의 권력투쟁에 돌입할 것이다. 또 그의 주변에는 그와 정치적 운명을 함께할 충성도가 높은 인물이 보이지 않는다. 불과 1~2년 전만 해도 그에게 호통을 치며 가장 매섭게 추궁하던 의원들이 아이러니하게도 최측근으로 자리를 잡고 있다. 이들이 과연 그와 정치적 운명을 함께하기 위해 그의 주변에 모여들었을까? 아마도 이들은 윤석열 대통령의 지지율이 위험하다고 판단하면 가장 먼저 배신할 사람들인지도 모른다.

이렇게 불안정한 위치에 자신이 놓여 있다는 것을 윤석열 당선인도 어느정도는 자각하고 있지 않을까 싶다. 그렇다면 그는 이러한 상황을 타개하기 위해 취임 직후부터 권력을 안정화하기 위한 작업에 돌입할 것으로 보인다.

1) 여소야대 정국의 개편 시도 현재 제21대 국회의 의석분포를 보면, 더불어민주당 172석, 국민의힘과 국민의당을 합쳐서 113석, 정의당 6석 등이다. 다음 총선은 2024년 4월 10일에 치러진다. 현재의 의회 구도를 유지한다면, 임기 초반 2년 동안은 사실상 식물 대통령이 될 수밖에 없다. 따라서 여소야대 정국을 어떤 식으로든 돌파하려 할 것이다. 여소야대 정국을 타개하기 위해서는 야당인 민주당 의원들을 포섭하여 국민의힘에 영입하든가, 민주당을 분열시켜 정계 개편을 추진하는 방식이 있을 수 있다. 국민의힘이 과반 의석

을 차지하기 위해서는 최소 38석이나 필요하기 때문에, 개별적인 의원 빼내기만으로는 달성하기가 불가능한 숫자다. 그렇다면 두 가지 방법을 동시에 사용할 가능성이 있다. 여기에서 주목할 인물이 김한길이다. 민주당 내에는 '내각제'나 '이원집정부제'를 고리로 포섭할 만한 세력이 상당수 존재하고 있는 것이 사실이다. 김한길 외에도 국민의힘 내에는 정치공작에 능한 의원들이 많이 있다. 그러나 3김 시대의 방식이 안철수에게 통했던 것처럼 다시 통하리라는 보장은 없다는 데 윤석열 당선인의 고심이 있을 것이다.

그리고 검찰 내 특수부 라인을 통해 검찰 캐비닛 속에 있는 '존안 자료'를 활용할 가능성도 배제할 수 없다. 집권 초기에 분명히 민주당의 몇몇 의원들이 검찰에 소환될 것이다. 민주당 의원들에 대한 위력시위 차원에서도 몇 명은 구속 영장을 청구할 가능성이 높다고 본다.

또 역대 보수 정권들이 전가의 보도처럼 이용했던 안보 불안을 국내정치에 악용할 가능성이 있다. 남북 간에 긴장 관계를 조성하고 유지함으로써, 국민의 보수적 안보 본능을 자극하려고 시도할 수 있다.

2) 문재인 대통령에 대한 보복 전임 문재인 정부에 대한 전방위적인 정치 보복이 자행될 것이다. 윤석열 당선인은 당선 이후 문재인 대통령의 청와대와 사사건건 충돌하고 있다. 이명박 사면 요구, 감사위원과 공공기관장 임명 중단 요구, 집무실 이전을 위한 예비비 승인 요구 등, 당선인의 신분으로서는 과도한 요구를 하면서 현직 대통령에게 검찰총장 때 했던 방식으로 갈등을 유발하고 있다. 그는 파격적으로 자신을 검찰총장에 기용한 문재인 대통령을 '배신'하고, 문재인 정부에 반기를 들다가, 결국 자신이 탄압을 받아 쫓겨난다는 모양새로 도중에 사임한 뒤에 야당에 입당하여 대통령이 되었다. 따라서 문재인 대통령에 대해 어떤 형태로든 보복하려 할 것이다. 그는 검찰

총장 재직 당시에도 문재인 대통령의 청와대에 대해 여러 차례 압수수색을 감행했다. 현직 대통령에 대해서도 그런 도발을 했는데, 전직이 된 뒤에는 무슨 말이 필요하겠는가?

그러한 프로세스를 진행하기 위해, 평소 그의 성향으로 볼 때 취임한 직후에 야당의 눈치 보지 않고, 자신의 최측근이자 "독립운동" 유공자인 한동훈 검사를 서울중앙지검장이나 검찰총장, 심지어는 법무부 장관으로 불러올릴 것으로 보인다. 그리고 처음부터 문재인을 직접 겨냥하지는 않을 것이다. 문재인 정부에서 장·차관이나 청와대 참모 등을 지냈던 측근이나 고위직 인사들의 '비리'를 찾아내어 대대적인 사정을 벌이면서 서서히 문재인을 향해 옥죄어 들어갈 것으로 보인다. 이 과정에서 민주당과 그 지지자들의 거센 반발을 불러일으켜, 정국은 대혼란으로 빠져들 수 있다. 그의 몸속에는 여전히 특수부 검사의 피가 흐르고 있다.

3) 이재명 제거 작업 이번 대선에서 그는 민주당의 이재명 후보에게 0.73%, 고작 25만여 표의 "깻잎 한 장 차이"로 아슬아슬하게 승리했다. 그의 눈에는 항상 이재명의 그림자가 어른거릴 것이다. 5년 후에 그 이재명이 자신의 뒤를 이어 대통령이 된다는 것은 상상조차 하기 싫을 것이다. 따라서 그는 이재명으로부터 "미래의 권력"이 될 가능성을 완전히 제거하려 할 것이다. 윤석열 당선인은 당선된 뒤 불과 며칠 후에 '대장동 사건'에 관해 "부정부패 진상이 확실히 규명될 수 있는 어떤 조치라도 해야 한다. 꼼수 없이 해야 한다"고 밝혔다. 후보 시절에는 이재명 후보에 대해 "확정적 중범죄자"라고 단정해서 말했다. 검찰 내 곳곳에 포진해 있는 특수부 출신 "윤석열 사단" 검사들과 경찰의 사정 부서는 충성경쟁이라도 하듯이 앞장서서 문재인 정부 인사들과 민주당 의원들을 공격할 것이다. 아니, 이미 시작되었다. 3년 전에

고발이 이루어져, 그동안 캐비닛 속에 묵혀두었던 이른바 '산자부 블랙리스트 사건'에 대해, 지난 3월 25일 서울동부지검이 갑자기 압수수색에 나선 것이 그것을 말해준다. 그의 부인 김건희 씨가 말했듯이 "시키지 않아도 알아서" 수사하여 공을 세우려 하고 있는 것이다.

4) 개혁법안 폐기 및 신자유주의 정책 추진 두말할 필요도 없이, 그는 문재인 정권에서 추진했던 개혁을 무효화시키거나 무력화시키는 작업을 진행할 것이다. 그리고 더욱 보수화하는 작업을 추진할 것이다. 그는 여러 차례 발언을 통해 그럴 의도를 노골적으로 드러냈다. 검찰 수사권의 원상회복을 비롯해, 법무부 장관의 수사지휘권 폐지, 검찰의 자체 예산 편성권 부여, 공수처 폐지 등 특히 검찰 개혁 조치들을 무력화시키려 할 것이다. 철저한 검찰주의자인 그는 검찰의 권력을 강화하는 방향으로 반개혁 작업을 강력히 추진할 것으로 보인다.

그리고 재벌과 부자들을 위한 신자유주의 정책을 대대적으로 추진할 것으로 보인다. 그가 말하는 "자유민주주의"는 바로 "신자유주의"와 동의어이다. 그는 후보 시절에 "월 150만 원을 받고도 일하고 싶은 사람은 일하게 해줘야 한다", "먹으면 병 걸리고 죽는 것이면 몰라도 없는 사람은 그 아래라도 선택할 수 있게 해줘야 한다"는 등의 충격적인 발언을 서슴지 않았다. 또 그는 당선된 후, 인수위원회가 출범한 첫날 "의료민영화"를 추진하겠다고 선언했다. 금수저를 물고 태어났거나, 위조한 은행 잔고증명서로 부동산 투기하여 수십억 원씩 시세 차익을 얻거나, "양 검사" "윤 검사"에게 명절 때마다 갈비 세트 보내고 함께 골프 치면서 불법 탈법으로 돈 잘 버는 사람들은 특급 호텔처럼 쾌적한 좋은 병원에서 의료보험 혜택 안 받고, 수천만 원씩 자기 돈 내면서 최첨단 치료를 받을 수 있고, 개돼지들은 암에 걸려도 언감생

심 대학병원은 꿈도 못 꾸고 중소 병원에서 치료받으라는 얘기나 다름없다. 대한민국이 신자유주의의 '모델' 국가가 될지도 모른다.

5) 국민의힘에 대한 친정체제 구축 그는 검찰총장 사퇴 후 1년 만에 졸지에 대통령이 되었다. 그 과정에서 그는 당의 중요성을 절절히 깨달았을 것이다. 30대의 '애송이' 당 대표 이준석이 자신을 "정치 초년생"으로 얕보면서, 가지고 놀 듯이 농락하는 수모를 여러 차례 당했다. 그러는 이준석을 달래기 위해 대통령 후보인 자신이 지방으로 찾아가 그 애송이를 '알현'하는 능멸도 당했다. 아마도 그의 뇌리에는 이준석이 모 유튜브 방송에서 했던 말이 똑똑히 아로새겨져 있을 것이다. "나는 유승민을 대통령 만들겠다. 윤석열이 대통령 되면 나는 지구를 떠나겠다." 그러나 윤석열 당선 이후 이준석의 발언을 분석해보면, 윤석열이 당선될 수 있었던 것은 세대포위론 등 자신의 "비단주머니" 속 전략이 주효했기 때문이라는 메시지를 윤 당선인에게 계속 보내고 있다. 그러나 윤석열이 그렇게 믿고 있을 거라고 생각한다면, 이준석은 정말 '애송이'인 것이다.

이준석이 당 대표 임기를 채울 수 있을지는 모르지만, 적어도 다음 총선 전에 새로 선출되는 당 대표에는 "윤핵관" 출신인 권성동이나 장제원 등을 내세워, 자신에게 적대적인 세력을 제거함과 동시에 자신과 가까운 인사들을 대대적으로 공천하여 당을 실질적으로 장악하고 친정체제를 구축하려 할 것이다. 아직 취임도 하기 전부터 이미 친정체제를 구축하려는 움직임은 시작되었다. "윤핵관"의 핵심인 권성동 의원이 압도적인 표차로 조해진 의원을 누르고 원내대표에 선출된 것이 그 시작이다. 또 윤 당선인이 이번 지방선거의 공천심사위원장에 "윤핵관" 중의 핵심인 정진석 의원을 임명하도록 당에 직접 요청했다는 보도가 나왔다. 이것도 역시 친정 체제 구축을 위한 방편임은 말할 필요도 없다.

또 대통령 후보를 선출하기 위한 당내 경선 과정에서 윤석열 후보를 가장 매섭게 공격했던 홍준표와 유승민을 제거하기 위한 작전도 시작되었다. 홍준표 의원이 대구시장에 출마하겠다고 선언하자마자, '공천심사 감점 규정'을 홍준표에게 매우 불리하게 만들었다. 그 규정대로 공천을 진행한다면 홍준표는 25%나 감점을 받게 되어, 사실상 대구시장에 공천받지 못 할 것이다.

유승민도 마찬가지다. 그가 경기도지사 출마를 선언하자, "윤핵관"의 핵심 인물인 김은혜 의원을 그의 대항마로 출마하게 했다. 출마를 망설이던 김은혜는 결국 유승민과 경기도지사 후보 자리를 놓고 치열한 당내 경선을 벌이게 되었다. 4선 의원 출신이자 대선후보급인 유승민으로서는 고작 초선 의원인 김은혜와 경선을 한다는 것 자체만 해도 매우 자존심 상하는 일이지만, 만약 당내 경선에서 패배한다면, 그의 정치생명은 사실상 끝장나게 된다. 반면 김은혜와의 경선에서 승리하고, 경기도지사에 당선된다면 차기 대선에 출마할 기회를 다시 얻게 될 것이다.

윤석열 대통령이 계속해서 이렇게 무리하게 당을 장악하여 친정체제를 구축하려고 할 경우, 제22대 총선 전에 국민의힘은 이명박 정권하에서 공천에 대거 탈락한 친박 의원들이 그랬듯이, 공천에서 탈락한 현역의원들을 중심으로 새로운 당을 창당하여 당이 쪼개질 가능성도 배제할 수는 없다.

6) 측근 정치와 비선 실세의 국정 개입 윤석열 당선인의 정치권 인맥은 급조된 인맥이다. 그의 진짜 측근은 전·현직 검사들이 대부분이다. 자신과 운명을 함께할 수 있는 충성도 높은 인맥은 전·현직 특수부 검사 인맥이다. 석동현, 남기춘, 주진우, 한동훈 등이 그들이다. 이번 대선 과정에서도 전·

현직 검찰 인맥이 알게 모르게 큰 영향을 미친 것으로 알려지고 있다. 이들 중 일부는 캠프에 참여하기도 했지만, 수족처럼 부릴 수 있는 사람들은 아직도 검찰 내에 남아 있다.

그리고 권력의 풍향에 민감한 정치권의 눈치 빠른 사람들은 그가 국민의 힘에 입당하기 전부터 그에게 접근하여 정치적 조언을 해주면서 이른바 "윤핵관"으로 불렸고, 마침내 대통령 만들기의 1등 공신이 되어 당선인의 논공행상을 기다리고 있다. 장제원, 권성동, 정진석 등이다.

정치 경험이 없어 정무 감각이 없고, 국정에 대한 이해가 부족한 윤석열 당선인으로서는 이러한 측근과 비선들의 조언에 의지하여 정무적 판단과 결정을 할 것 같다. 이런 징후는 당선 직후부터 나타나고 있다. 현직 대통령과 당선인의 만남이 4시간 전에 갑자기 무산되었고, 문재인 대통령이 여러 차례에 걸쳐 "조건 없이 만나 허심탄회하게 대화하자"는 제의를 하자 거의 20일 만에 첫 만남이 이루어지게 된 것이 이를 말해준다. 이명박 정권 출신의 측근들이 이명박 사면, 집무실 이전 협조, 인사권 행사 중단 등을 요구하는 바람에 만남이 무산된 것으로 알려져 있다. 만약 윤석열 당선인이 정치적 감각이 있는 사람이라면, 이러한 측근들의 요구를 물리치고, 자신을 임명하여 오늘의 자신이 대통령이 될 수 있게 해준 문재인 대통령을 조건 없이 만나는 모습을 보여주는 게 자신의 이미지를 개선하기 위해서도 좋고, 또 그렇게 하는 게 당선자로서 당연한 자세이다. 그러한 인연이 없더라도, 대통령과 당선인의 첫 만남은 의제를 놓고 담판을 하는 자리가 아니다. 벌써부터 "정치 초년생" 대통령이 측근과 비선의 농간에 놀아나고 있다는 반증이다.

이명박·박근혜 정부에서 보았듯이, 그리고 수많은 역사적 사실들이 증명하듯이, 최고 권력자가 중심을 잡지 못하여 측근과 비선 실세들이 발호하게 되면, 그 정권은 반드시 실패하게 되어 있다. 주변의 호가호위하는 간신

배들이 권력을 이용하여 이권과 인사에 개입하면, 국가 시스템은 붕괴되고, 부정부패가 만연하게 되어 있다. 윤석열 당선자가 반드시 명심해야 할 것이다. 그러나 그가 그런 사람들을 구분할 안목과 역량을 갖췄는지는 의심스럽기 짝이 없다.

7) 취임과 동시에 퇴임 후 대비 윤석열 당선인은 매우 약점이 많은 사람이다. 앞에서 살펴보았듯이 이른바 '본부장 비리'가 차고도 넘친다. 그 수많은 혐의와 의혹들 중 어느 정도가 사실인지는 알 수 없으나, 이미 사실로 드러난 것들만 해도 적지 않다. 그리고 문재인 정권에 대해 가혹하고 무리한 수사를 많이 하여, 정치적으로 적들이 많다. 만일 5년 후에 정권이 다시 민주당에게 돌아간다면, 그의 마음속에는 자신과 부인 · 장모의 안전을 보장받지 못할 수도 있다는 두려움이 있을 것이다. 따라서 어떻게 해서든 자신의 퇴임 후 안전을 보장받을 수 있는 사람이 정권을 물려받기를 바랄 것이다. 강력한 경쟁자였던 이재명 죽이기부터, 야권의 잠재적 차기 주자들을 어떤 형태로든 감옥에 보내든가, 정치적 생명을 끊어놓을 방안을 강구할 가능성이 높다. 이재명 외에도, 최강욱 의원은 자신의 약점을 가장 잘 아는 의원 중 한 명으로서, 자신을 가장 강도 높게 비판하는 의원이므로, 일차 타겟이 될 가능성이 높다. 이미 '조국 사건'에 연루된 혐의(조국 전 장관의 아들에게 허위로 인턴 확인서를 발급해주어, 업무를 방해했다는 혐의)로 재판을 받고 있는 최 의원에 대해, 지난 3월 25일에 있었던 2심 결심 공판에서 검찰은 징역 1년을 구형했다. 만약 벌금 100만 원 이상의 형을 선고받으면 사실상 정치 생명이 끝날 위기에 처해 있다. 재판부가 신임 대통령의 심기를 살펴 그러한 판결을 내린다면, 대법원에서 뒤집힐 가능성은 매우 낮다. 최강욱을 잃는 것은 민주당으로서는 엄청난 손실이다.

또 여소야대 정국도 타개하고, 영구집권도 꾀하기 위한 양수겸장으로 민주당 내 일부 세력과 결합하여, 의원내각제나 이원집정부제 등으로 권력 구조를 개편하는 개헌을 함으로써, 일본 자민당식의 영구집권을 꾀하여, 배후 실력자로 남기 위한 방안도 시도될 수 있다. 〈조선일보〉의 행보를 주목해야 한다. 윤석열 당선인이 당선 직후부터 주요 언론사의 보도국장 · 편집국장들을 비공개로 만나면서 '식사 정치'를 계속하는 것을 가볍게 볼 일이 아니다.

8) 끊이지 않을 무속 논란 그동안 공개된 사실들만 보더라도, 윤석열 당선인 부부는 무속인과의 인연이 매우 길고 깊은 것 같다. 또 두 사람 모두 무속에 상당히 심취해 있는 것 같다. 토론회 과정에서 있었던 손바닥 '王'자 사건도 그렇고, 눈썹에 흰 털을 부착하고 나왔다는 의혹도 그렇다. 천공 · 건진 · 무정 · 해우 같은 '법사'나 '스님' 등이 오래전부터 이들과 관계를 맺어 왔고, 건진 법사라는 사람은 윤석열 후보의 선대위 산하 '네트워크 본부'를 주도하다가 논란이 되자, 윤석열 후보가 이 본부를 해체하는 일도 있었다. 부인 김건희 씨는 스스로 자신이 "웬만한 무당보다 낫다"고 말할 정도이고, 문제가 된 그의 박사학위논문 내용도 일종의 무속과 관련된 내용이라고 알려져 있다. 윤석열 당선인은 선거운동 기간에 이동하면서 차 안에서 유튜브를 통해 '천공 스승'의 강연을 시청했다는 증언도 나온 바 있다. 당선되자마자 국민의 다수가 반대하는데도 불구하고 저렇게 무리해서 대통령 집무실을 옮기려고 하는 이유도 '무속'이 아니고는 설명할 방도가 없어 보인다. 이 정도면 무속이 그들에게는 거의 신앙 수준이라고 할 수 있다.

이렇듯 부부가 모두 오랫동안 '무속'에 깊이 심취하여 신앙 수준으로 믿고 있다면, 대통령이 된 뒤에도 이를 완전히 단절하기는 어려워 보인다. 무속인들이 직접 대통령 관저나 집무실을 드나들지는 않을지 몰라도, 어떤 형태로든 소통은 계속될 가능성이 있다. 그렇다면 언젠가는 집무실 이전 논란처럼 보통의 상식으로는 이해하기 어려운 사건들이 계속 불거질 것이고, 그러다 보면 국정에 무속이 개입하고 있다는 의혹이 일어날 수밖에 없다. 이는 국가를 위해서나 윤석열 대통령 자신을 위해서나 매우 위험한 일이다. 국민은 매우 조마조마한 마음으로 지켜봐야 할 텐데, 이게 무슨 비극이란 말인가.

(6) 윤석열 당선인에게 전하는 당부

먼저 대한민국의 제20대 대통령에 당선된 것을 축하합니다.

솔직히 말해 나는 당신이 이 나라의 대통령이 절대로 되어서는 안 된다고 생각했지만, 국민의 다수가 당신을 대통령으로 선출한 이상 인정하지 않을 방법이 없습니다. 어차피 앞으로 5년 동안은 당신이 내가 사는 나라를 맡아 운영하게 되었으니, 가능하면 이 나라가 잘되기를 진심으로 바랍니다. 그런 바람을 담아 당신에게 몇 가지 생각한 바를 당부하려고 합니다. 당신이 이 글을 읽을 리는 없다는 것을 알면서도 쓰고 있지만, 혹시라도 읽게 된다면 무례함이 있더라도 대통령의 아량으로 너그럽게 이해하시기 바랍니다.

1) 대통령 집무실 이전을 재고하기 바랍니다. 당선인께서는 당선 직후 인수위원회가 구성되기도 전부터 대통령 집무실 이전 문제로 온 나라를 들쑤셔놓았습니다. 후보 시절에 "광화문 시대"를 열겠다고 공약했습니다. 대통령 집무실을 광화문 정부서울청사로 옮겨, 국민과 소통하는 대통령이 되겠다고 공약했습니다. 실현할 수만 있다면 좋은 일이지만, 문재인 대통령도 후보 시절에 같은 공약을 했다가, 취임한 후 여러 가지 어려움 때문에 실천하지 못했는데, 어떻게 하겠다는 건지 의아했습니다. 역시나 당선된 지 며칠 만에

"광화문 시대"를 백지화하고, 뜬금없이 "용산 시대"를 열겠다고 하면서, 국방부 청사로 옮기려고 시도하고 있습니다. 아니, 한 가정이 이사를 하는 데에도 준비 기간이 한두 달은 필요합니다. 하물며 한 나라의 컨트롤 타워와 가장 중요한 부처들이 연쇄 이동을 해야 하는 엄청난 일을 단지 한 달 만에 해치우겠다니, 이게 말이나 됩니까? 또 그 비용을 어떻게 감당하려고 그러십니까? 당선인께서는 "청와대는 단 하루도 이용하지 않겠다"고 했는데, 도무지 이해가 안 됩니다. 용산 집무실 주변을 공원으로 조성해 국민과 소통을 하겠다고 하는 등, 자꾸 "소통"을 강조하는데, 지금이 어떤 시대입니까? 국민과의 소통을 꼭 얼굴을 맞대고 해야 합니까? 언론과의 접촉면을 넓히고, 다양한 온라인 수단들을 통해서 더욱 효율적으로 할 수 있습니다. 대통령과 참모의 소통이 원활하지 않다는 것도 이유로 들었는데, 그것은 청와대를 다시 리모델링하면 해결할 수 있는 문제입니다. 전문가들에 따르면 용산 미군기지를 반환받아 공원으로 조성하는 데에는 최소한 7년 이상 걸린다고 합니다. 미국측과 협상도 해야 하고, 오염된 토양을 정화도 해야 하는 등 해결해야 할 문제가 한두 가지가 아니라고 합니다.

또 청와대를 국민들에게 완전히 돌려준다는 것을 매우 강조하시는데, 사전에 어떤 국민도 청와대를 돌려달라고 요구한 적이 없습니다. 당선인께서 일방적으로 약속한 것이기 때문에, 그 약속을 취소한다고 해서 비난할 국민은 아무도 없습니다. 국민은 당선인이 이렇게까지 청와대를 거부하는 이유를 납득하지 못하자, 혹시 당선인과 부인이 "무속"이나 "풍수지리"에 경도되어 있기 때문이 아니냐는 의혹이 일고 있습니다. 국민의힘 당내 경선 과정에서 당선인께서 손바닥에 "王" 자를 쓰고 나왔을 때 받았던 트라우마 때문이기도 합니다. 사실이 아니기를 간절히 바랍니다. 아무튼 왜 그리 청와대를 싫어하는지 도무지 이해할 수 없습니다. 검사와 대통령은 전혀 다른 직책입니다. 검사 시절에 수사의 단서를 포착하면, "좌고우면 하지 않고 전광석화처럼" 밀어붙이던 수사 업무와 종합적인 균형과 조화가 필요한 국정은 다르다는 것을 깨닫기 바랍니다. 국정은 조국 수사하듯이 무리하게 밀어붙이면 안 됩니다. 꼭 집무실을 옮기려면, 우선 청와대에 입주하여 국정을 차질없이 수행하면서, 차분히 계획을 세워 안보와 민생에 차질이 없도록 하고, 미국과의 반환 협상도 최대한 유리하게 타결하고, 오염된 토양도 완벽하게 정화할 수 있는 조치를 취한 뒤에 하기 바랍니다.

　2) 고사성어에 '토사구팽(兎死狗烹)'이라는 말이 있습니다. 좋은 사냥개라도 토끼 사냥이 끝나면 쓸모가 없어지니 잡아먹는다는 뜻임은 아시겠지요. 지금 당선인께서는 대통령에 당선되었으니, 이미 사냥은 끝난 겁니다. 당선인께서는 훌륭한 사냥개들을 거느렸기에 대통령에 당선될 수 있었습니다. 그 사냥개들이란 바로 "윤핵관"으로 일컬어지는 사람들과 선거 캠프에서 주요 요직에 있었던 그들입니다. 그들 중에는 물론 유능한 사람도 있겠지만, 내가 보기에는 대부분이 권력을 탐해 시세를 관망하다가 당선인이 국민의힘 후보가 될 가능성이 높다고 판단하고 도박을 건 사람들입니다. 그리고 당선인께서는 그들을 사냥개로 삼아 '대통령'이라는 사냥감을 사냥하는 데 성공했습니다. 사냥개는 사냥하는 용도 이외에 집을 지키는 용도로는 쓸 수가 없습니다.

　이들이 대선에서 공로를 세웠으니, 논공행상이 따르겠지요? 논공행상을 하지 말라는 말이 아닙니다. 공을 세운 사람들에게 상으로 여러 자리를 주시겠지요. 그런데 자리는 사람의 능력과 품성에 맞아야 합니다. 능력이야 제가 직접 겪어보지 않았으니 특별히 드릴 말씀은 없지만, 품성을 판단하는 것은 그리 어렵지 않다고 생각합니다. 적어도 이런 사람은 절대로 기용하지 않기를 바랍니다. 만약 이런 사람들에게 꼭 자리를 줘야 한다면, 적어도 청와대와 내각에는 기용하지 말기 바랍니다.

첫째, 야당 소속일 때에는 당신을 예리하게 공격했는데, 대선후보가 되자 당신을 지지한다며 당신 캠프에 들어온 사람들입니다. 예를 들어볼까요? 장제원 의원과 김도읍 의원은 당신의 검찰총장 후보자 청문회 때나 국정감사장에서, 당신과 당신 처가의 비리 의혹에 대해 얼마나 날카롭게 공격을 했습니까? 그들은 당신의 온갖 비리와 약점을 다 알면서도 당신 뒤에 줄을 섰습니다. 김진태 전 의원도 마찬가지입니다. 그들이 당신을 공격했던 여러 가지 혐의들 중 하나라도 사실이라면, 어떻게 당신을 지지할 수 있었을까요? 그들의 목적은 진정으로 당신을 돕는 데 있었던 게 아니라, 좋은 자리를 얻기 위함이었다는 것을 잊지 말기 바랍니다. 만약 홍준표 의원이 대세였다면 홍준표 캠프로 갔을 사람들입니다. 둘째, 김대중·노무현 전 대통령의 측근으로 활동했던 사람이나, 민주당에 있다가 국민의힘으로 넘어간 사람, 혹은 민주당에 입당을 타진했다가 입당이 좌절되자 국민의힘으로 넘어간 사람들입니다. 그들도 역시 앞의 사람들과 마찬가지입니다. 정치적 소신이 뚜렷한 사람이 이 당 저 당 기웃거리겠습니까? 절대로 그들은 정치를 해서는 안 되는 사람들입니다. 꼭 자리를 줘야 한다면, 조그만 공기업의 임원이나 관변단체의 장을 맡겨서 먹고사는 문제 정도만 해결할 수 있게 해주기 바랍니다. 당선자께서 "윤핵관"들로부터 섭섭하다는 소리를 듣는 것이 인사를 잘하는 것이라는 점을 명심하기 바랍니다.

그리고 '인재'를 등용할 때, 한 자리를 두고 능력이 비슷해 보이는 여러 명이 경쟁하는 구도라면, 그 사람의 출신을 보기 바랍니다. 금수저를 물고 태어난 사람보다는 흙수저 출신을 우선적으로 기용하기 바랍니다. 나는 정부 일을 잘 알지는 못합니다만, 역대 정권의 인사 결과를 살펴보면, 이 정도의 인사 원칙만 지켜도 크게 실패하지는 않으리라고 생각합니다.

3) 다음으로 걱정되는 게 바로 '무속인' 문제입니다. 당내 경선 과정에서 손바닥에 '王'자를 쓰고 나온 것이나, 눈썹에 흰 털을 붙이고 나왔다는 의혹은 분명 무속에서 비롯된 행동이었을 겁니다. 그러나 이제부터는 천공 스승이나 무정 스님 등 지금까지 인연을 맺었던 모든 무속인들과의 관계를 완전히 정리하고 결별하기 바랍니다. 당선자 당신뿐 아니라 부인인 김건희 씨에게도 그들에게 다시는 연락을 하는 것은 물론이고 연락을 받지도 말라고 단단히 다짐을 받기 바랍니다. 박근혜 정부의 교훈을 되새기기 바랍니다. 천공 스승의 유튜브도 절대로 보면 안 됩니다. 집무실과 청와대 내 관저까지 다른 곳으로 옮긴다고 하셨는데, 혹시 주변 무속인들의 참언을 듣고 그런 결정을 내리게 된 것은 아닌가요? 집무실을 옮기는 것은 그렇다 쳐도, 관저까지 옮기는 것은 취소하기 바랍니다. 왜냐하면, 집무실을 옮기는 것은 당선인의 주장대로 소통을 위해서 그럴 수 있다 칩시다. 그런데 관저는 소통과 별로 관계가 없기 때문입니다. 관저는 옮기지 않고 집무실만 옮긴다면 무속 논란은 잠재울 수 있을 것입니다. 또 새로운 관저를 마련하는 데에는 집무실 이전 못지않은 많은 재정이 소모되기 때문입니다. 부지도 넓어야 하고, 집무실과의 거리나 경호 문제 등을 고려하여 적합한 관저 부지를 구하려면 엄청난 재정이 소모될 겁니다. 중단하십시오.

4) 검사 시절에 맺었던 기업인들과의 부적절한 관계를 깨끗이 정리하기 바랍니다. 삼부토건의 조 모 회장이나 동부전기산업의 황 모 사장과의 관계도 대통령 임기 동안에는 철저히 차단하고, 임기 동안에 혹시 그들이 대통령과의 관계를 팔아 부당한 이득을 취하지는 않는지, 철저히 감시하기 바랍니다.

5) 다음으로, 장모와 정대택 씨 문제를 해결하십시오. 당선자께서는 정대택 씨의 주장이 모두 거짓이라고 말했지만, 상식적으로 판단해보건대 절대로 그의 주장이 거짓일 수가 없습니다. 아무런 권력의 뒷배도 없는 일개 평범한 시민인 정대택 씨가 억울함이 없다면, 어떻게 막강한 권력을 가진 고위 검사를 사위로 둔 장모님과 18년 동안이나 청춘을 다 바쳐 법정 투쟁을 벌일 수가 있었으며, 옥고를 두 차례나 치르면서까지 법정 다툼을 계속할 수가 있었겠습니까? 더구나 장모님과 동업을 했던 사람들은 모두 재산을 다 날리고, 옥고를 치른 뒤, 비참한 노후를 보내고 있지 않습니까? 이게 과연 공정한 법 집행 결과일까요? 만약 부인인 김건희 씨가 양 모 검사나 윤석열 검사와 돈독한 관계가 없었다면 이런 일이 있을 수 있었을까요? 어쨌든 이제 곧 당선인께서 대통령에 취임하면, 이 사건은 또 5년 동안은 잠잠해지겠지요. 그러나 그러면 안 됩니다. 당선인께서 대통령에 출마하면서 내건 슬로건이 "공정과 상식"이잖습니까? 이 사건은 상식적으로 생각해야 하고, 공정하게 해결해야 합니다. 무고한 한 인간의 인생을 저렇게 무참하게 파괴해서는 안 됩니다.

6) 다음으로 이른바 '본부장' 비리에 대해 취임 이전에라도 해결의 실마리를 찾기 바랍니다. 장모님과 부인 김건희 씨가 부당하게 취득한 재산을 파악하여 사회에 환원하시고, 당선인께서 받고 있는 혐의들에 대해서도 어떤 형태로든 유감을 표하기 바랍니다. 장모님의 수많은 범죄 의혹들에 대해서도, 부인의 도이치모터스 주가조작 혐의에 대해서도, 모두 당선인께서는 사실무근이라고 주장했습니다. 그러나 이것도 '상식'적으로 생각하면 절대 사실무근일 수가 없습니다. 백 번 양보하여 당선인께서 주장하는 대로 사실무근이라고 칩시다. 그러나 정치인은 그러면 안 됩니다. 온 국민이 의혹을 갖고 있

다면, 그걸 국민들이 납득할 수 있는 방식으로 해결할 줄 알아야 합니다. 그게 정치인의 도리이고, 대통령의 의무입니다. 어차피 당선인께서 대통령에 취임하면, 어떤 용기 있는 검사가 대통령의 장모와 영부인을 수사하여 기소하겠으며, 기소를 한다 한들 또 어떤 정의로운 판사가 유죄 판결을 내릴 수 있겠습니까? 이미 장모님과 부인께서는 사실상 사법처리를 모면했으니, 그분들이 부당하게 취득한 재산에 대해서는 어떤 형태로든 사회에 환원하는 통 큰 조치를 취하기 바랍니다. 그리고 부산저축은행 불법 대출 사건 부실수사 의혹, 유우진 씨 뇌물 사건 수사 무마 의혹, 삼부토건 사건 수사 무마 의혹, 공수처로부터 무혐의 처분을 받긴 했지만 결과적으로는 당선인께서 검찰총장 시절 매끄럽게 조치를 취하지 못해 한명숙 모해위증 사건 재수사를 방해한 것은 사실 아닙니까? 이런 일련의 사안들에 대해서도 포괄적으로라도 사과나 유감 표명을 하고 취임하기 바랍니다.

7) 검찰 내 이른바 '윤석열 사단'을 해체하고, 한동훈 검사와의 사적인 관계를 절대로 인사에 반영하지 말기 바랍니다. 한동훈 검사에 대해 "독립운동"을 했다고 한 것은 엄청나게 위험한 발언입니다. 그는 독립운동을 한 게 아니고, 검사로서는 하지 말아야 할 짓을 한 겁니다. 녹취 내용만 봐도 기자들과 부적절한 관계를 맺고 부적절한 행동을 한 것입니다. 부하 검사인 한동훈이 당선인의 부인 김건희 씨와 4개월 동안에 9번 전화 통화를 하고, 300번이 넘는 카톡을 주고받을 이유가 무엇입니까? 당시 상관인 당선인과 연락이 안 되어 부인에게 전화하고 카톡을 보냈다는 해명을 믿을 국민이 누가 있겠습니까? 당선인께서 서울중앙지검장 시절과 검찰총장 시절에 그랬듯이, '윤석열 사단'에게 인사 특혜를 주고, 특수부 출신 검사들을 우대하는 검찰 인사를 한다면, 검찰주의자로 알려진 당선인께서 검찰을 위하는 게 아니라

검찰을 망가뜨리는 것이라는 점을 잊지 말기 바랍니다. 2천 명이 넘는 검사에게 공평한 인사 기회를 주고, 최측근인 한동훈 검사를 과분하게 등용하지 말기 바랍니다. 나는 한동훈 검사가 진정으로 당선인을 위한다면, 이참에 검찰을 떠나는 게 맞다고 생각하지만, 그가 그럴 가능성은 없어 보입니다. 잘 생각해서 처리하기 바랍니다.

8) 옷가게를 하나 차리려 해도, 맥주집을 하나 시작하려 해도, 시장조사도 해야 하고, 경험자들의 조언도 들어야 하고, 인테리어를 어떻게 꾸밀 것인가, 상호는 뭘로 하며 간판은 어떻게 만들 것인가, 직원은 몇 명을 구할 것인가, 어느 브랜드를 선택할 것인가, 몇 평짜리 가게를 얻을 것인가 등등 공부하고 준비하는 과정이 몇 달은 걸립니다. 조그만 가게를 하나 차리는 데도 그러하거늘, 하물며 한 나라를 맡아 운영하는 대통령이 되려고 한다면 오죽하겠습니까? 그런데 당선인께서는 대통령이 되기로 결심한 게 검찰총장에서 퇴임한 이후라고 했습니다. 그러니 이제 고작 1년밖에 안 되었습니다. 이미 당내 경선 과정에서 있었던 17차례의 토론 과정에서, 언론과의 인터뷰 과정에서, 그리고 본선에서의 토론 과정에서, 당선인께서는 어록이 나올 만큼 수많은 실언과 실수를 함으로써 준비가 턱없이 부족하다는 것이 드러났습니다. 나는 솔직히 말해 그런 과정들을 보면서, 도대체 무슨 배짱으로 대통령이 되려고 하는지 이해할 수가 없었습니다. 단순한 권력에 대한 욕심이 아니라면 저렇게 무모하게 대통령이 되려고 할 까닭이 없다고 생각했습니다. 어쨌든 당선인께서 많이 부족하다는 것은 당신에게 투표했던 사람들도 대부분 알고 있습니다.

그러면 취임한 후에는 어떻게 해야 할까요? 우선 경륜 있고, 권력욕이 강하지 않은 합리적인 참모들을 청와대와 내각에 배치하십시오. 그게 참 어려운 일이겠지만, "윤핵관"은 청와대에 들어가면 안 됩니다. "윤핵관"이 왕수석으로 자리를 잡고 있으면, 참모들 간에 민주적이고 합리적인 의사소통이 이루어지기 어렵기 때문입니다. 또 당선인 혼자 잘하려고 해서도 안 됩니다. 그보다는 참모들이 시키는대로 "연기만 잘하는 게" 더 나을 수도 있습니다. 당선인의 후보자 시절을 돌이켜보기 바랍니다. 능력이 안 되고, 지식이 없는 상태에서 국정에 관한 말 한마디의 실수가 국민들 사이에 얼마나 큰 혼란을 불러왔는지를 상기해보기 바랍니다. 더구나 이제 후보가 아니라 이 나라의 대통령입니다. 말 한마디 행동거지 하나의 실수가 경제와 외교에 미치는 영향은 상상을 초월할 수가 있습니다. 국민들은 애초부터 당선인이 국정을 잘 이끌 거라고 그다지 기대하지 않습니다. 기대치가 높지 않기 때문에 실수만 하지 않아도 점수를 딸 수 있을 겁니다. 26년 동안의 검사 생활에서 몸에 밴 검찰식 성과주의의 유혹에 현혹되지 말기 바랍니다.

많은 국민들이 인정하고 싶지는 않겠지만 이제 당선인은 곧 대통령에 취임합니다. 대한민국이 발전하고 국민이 행복해질 수만 있다면 누가 대통령이 된들 무슨 상관이겠습니까? 그러나 지금 당선인과 주변을 살펴보면 이명박 정권과 박근혜 정권이 실패할 수밖에 없었던 나쁜 요소들이 모두 공존하고 있습니다. 이명박 전 대통령보다도 더 많은 여러 가지 비리 혐의들을 당선인 본인과 가족들이 받고 있으며, 국정에 대한 공부도 부족하고, 무속인 논란도 끊이지 않고 있고, 자리를 탐하는 뜨네기 정치인들이 득실대고 있습니다. 이명박이나 박근혜의 전철을 밟지 않으려면, 이러한 악재들을 떨쳐내기 위해 몇 배의 노력이 필요합니다. "외람되옵니다만" 부디 역사의 교훈을 잊지 말기 바랍니다.

(7) 윤석열 어록

1. "검사가 수사권 가지고 보복하면 그게 깡패지, 검사입니까?"(2016. 12. 최순실 국정농단 특별검사팀 수사팀장으로 임명된 후 기자에게 한 발언)

2. "스타트업 청년들을 만났더니, 주 52시간 제도 시행에 예외조항을 둬서 근로자가 조건을 합의하거나 선택할 수 있게 해달라고 토로하더라. 게임 하나 개발하려면 한 주에 52시간이 아니라 일주일에 120시간이라도 바짝 일하고, 이후에 마음껏 쉴 수 있어야 한다는 것이다."

"부정식품이라 그러면은 없는 사람들은 그 아래 것도 선택할 수 있게, 더 싸게 먹을 수 있게 해줘야 된다 이거야……이거 먹는다고 당장 어떻게 되는 것도 아니고……"(2021. 7. 19. 〈매일경제〉와의 인터뷰에서)

3. "(코로나의) 초기 확산이 대구가 아니고 다른 지역이었다면, 질서 있는 처치나 진료가 안 되고 아마 민란부터 일어났을 것이다."(2021. 7. 20. 대구 계명대학교 부속 동산병원에서)

4. "일본에서도 후쿠시마 원전이 폭발한 것은 아니다. 지진 하고 해일이 있어서 피해가 컸지만 원전 자체가 붕괴된 것은 아니다. 그러니까 방사능 유출은 기본적으로 안 됐다."(2021. 8. 4. 〈부산일보〉와의 인터뷰에서)

5. "지금 유럽은 해고도 자유롭게 만들어 놨어요."(2021. 9. 13. 기자간담회에서)

6. "사람이 손발로 노동하는 것, 그런 건 인도도 안 한다. 아프리카나 하는 것이다."(2021. 9. 13. 안동대 학생들과의 간담회에서)

7. "집이 없어서 (주택청약통장을) 만들어보지 못했다."(2021. 9. 23. 국민의힘 경선 토론회에서 유승민 후보의 질문에 대한 답변)

8. "주택청약 통장을 모르면 거의 치매 환자다."(2021. 9. 29. 유튜브 채널 〈석열이형 TV〉에서 위의 발언을 해명하며 한 말)

9. "(호남은) 민주당이 수십 년간 나와바리인 것처럼 해왔는데 해준 게 없지 않느냐?"(2021. 10. 11. 국민의힘 광주 · 전남 선거대책위원회 출범식 후 기자간담회에서)

10. "전두환 대통령이, 군사 쿠데타와 5.18만 빼면, 잘못한 부분이 이제 그런 부분이 있지만, 그야말로 정치는 잘했다고 얘기하는 분들이 많습니다. 예, 그거는 호남 분들도 그런 얘기하시는 분들이 꽤 있어요."(2021. 10. 19. 부산 해운대갑 국민의힘 당원협의회에서)

11. "안전장치를 껐다가 다치면 본인 책임이다."(2021. 12. 2. 도로 포장공사 중 근로자 3명이 사망한 현장에서)

12. "겸임교수라는 건 시간 강사예요. 채용 비리 이러는데, (시간강사는) 이런 자료 보고 뽑는 게 아닙니다. 그 현실을 좀 잘 보시라고요. ……여러분 가까운 사람 중에 대학 관계자가 있으면 시간강사를 어떻게 채용하는지 한 번 물어보세요. 시간강사 어떻게 뽑는지."(2021. 12. 15. 부인 김건희 씨의 허위 이력과 관련한 기자들의 질문에 대해)

13. "조금 더 발전하면 학생들이 휴대폰으로 애플리케이션을 깔면 어느 기업에서 지금 어떤 종류의 사람을 필요로 한다는 것을 실시간 정보로 얻을 수

있을 때가, 아마 여기 1, 2학년 학생이 있다면 졸업하기 전엔 생길 것 같다."

"극빈의 생활을 하고 배운 것이 없는 사람은 자유가 뭔지도 모를 뿐 아니라, 자유가 왜 개인에게 필요한지에 대한 그 필요성 자체를 느끼지를 못한다."(2021. 12. 22. 전북대 학생들과의 타운홀 미팅에서)

14. "정권교체는 해야 되겠고, 더불어민주당에는 들어갈 수가 없기 때문에 제가 부득이 국민의힘을 선택했습니다."(2021. 12. 23. 전라남도 선거대책위원회 출범식에서)

15. "한국 국민, 특히 청년 대부분은 중국을 싫어하고 중국 청년들도 대부분 한국을 싫어한다."(2021. 12. 28. 주한미국상공회의소 주최 간담회에서)

16. "오래전 우리가 자유민주주의라는 정신에 입각해 민주화 운동을 할 때, 좌익 혁명이념, 북한의 주사('주체사상'을 가리킴) 이론 등을 배워서 민주화 운동 대열에 끼어 가지고, 마치 민주화 투사인 것처럼 자기들끼리 도와가며 살아온 집단들이 이번 문재인 정권 들어서서 국가·국민을 약탈하고 있다."

"수사 과정에서 자살하는 건 세게 추궁하고 증거 수집도 열심히 하니깐 초조해서 하는 것이다."

"엉터리 정권이 무식한 삼류 바보들을 데려다 정치를 해서 경제와 외교·안보를 전부 망쳐놓았다."

"제가 이런 사람하고 국민이 보는 데에서 토론을 해야겠습니까? 하 참, 어이가 없습니다. 정말 같잖습니다."

"미국 대선 토론도 세 번밖에 안 합니다. 힐러리와 트럼프도 세 번 했고, 바이든 때는 코로나 때문에 두 번 했습니다."

"제가 볼 땐 대선도 필요 없고, 곱게 정권을 내놓고 물러가는 게 정답입니

다."(2021. 12. 29. 국민의힘 대구·경북 선대위 출범식에서)

17. "원천징수영수증이 필요한 경우 직접·즉시 발급할 수 있도록 법적·제도적 시스템을 개선하겠다."(2022. 2. 2. '석열 씨의 심쿵약속' 28번째 공약)

18. "고등학교부터는 학교들을 좀 나눠야 할 거 같다. 기술고등학교, 예술고등학교, 과학고등학교……"(2022. 2. 9. 홍진경의 유튜브 채널 〈공부왕 찐천재〉에서)

19. "우리 문 대통령께서도 법과 원칙에 따른 성역 없는 사정을 늘 강조해 왔다. 문 대통령님과 저는 똑같은 생각이라고 할 수 있다."(2022. 2. 10. 문재인 정권 적폐 수사를 하겠다는 윤석열 후보자에 대해 문재인 대통령이 사과를 요구한 데 대해)

20. "문재인 정부가 28번의 주택정책으로 계속 실패를 거듭했지만 실수를 한 거라고 생각하지 않는다. ……집 없는 사람이 민주당을 찍게 하려고 일부러 악의적으로 집값을 폭등시켰다. ……민주당이 못사는 사람들은 자기편이라고 생각해서 양극화를 방치하고 조장했다."(2022. 2. 17. 서초구 유세에서)

21. "대선 과정에서도 나왔지만 무속은 민주당이 더 관심이 많은 것 같은데. 그리고 용산 문제는 처음부터 완전히 배제한 건 아니고 저희가 이 공약을 만드는 과정에서 여러 가지 대안으로는 생각을 했다."

"공간이 의식을 지배한다고 생각한다."(2022. 3. 20. 집무실 이전 관련 기자회견에서)

22. "그거는 뭐, 지금 여론조사를 해서 몇 대 몇이라고 하는 거는 의미가

없고. 국민들께서 이미 정치적인, 역사적인 결론을 내리신 거라고 저는 보고

있습니다."(2022. 3. 24. 집무실 이전 문제를 반대하는 여론조사가 높게 나온 데

대해 묻는 기자의 질문에)

대통령 **윤석열**과 당 대표 **이준석**

(1) 이준석과 『삼국지』

이준석은 『삼국지』를 많이 읽은 것 같다. 그는 당 대표가 되기 전에 시사 프로에 출연하면 『삼국지』의 내용을 자주 인용하곤 했다. 『삼국지』를 통해 손자병법을 익히고 36계를 터득한 것 같다. 그런 그는 정치에 입문한 뒤에 『삼국지』에서 터득한 계략과 술책을 현실 정치에 적용하는 것으로 보인다. 그게 의식적이든, 무의식적이든 간에 그건 사실이다. 이번 선거에서 그가 들고 나온 이른바 "세대 포위론" 전략도 그렇고, 2030세대의 남성과 여성을 이간시키려고 시도한 것도 역시 『삼국지』에서 터득한 이간계 술책을 적용한 것으로 보인다. 그러나 〈손자병법〉이나 『삼국지』의 전략 전술은 '적'을 상대로 한 것이지, 자국 '백성'을 상대로 한 것이 아니라는 것을 그는 깨닫지 못한 것 같다. 그는 승리 만능론에 빠져, 이 나라의 주인인 국민을 적으로 상정하고 세대와 성별을 갈라치는 것도 서슴지 않았다. 이는 정치인이 해서는 절대 안되는 범죄 행위이다.

이준석은 윤석열이 국민의힘 대선후보로 최종 확정되고, 캠프가 꾸려져 본격적인 선거운동 국면으로 접어들었을 때 계속 이른바 "윤핵관"들과 갈등을 빚다가 결국은 두 차례나 파국 직전까지 가는 벼랑끝 전술을 펼쳐 보였다. 첫 번째는, 2021년 11월 말경에 이준석이 당 대표의 일정을 전면 취소하고, 측근 한두 사람만 데리고 지방으로 잠행에 나섰다. 이러다가는 선거를 망칠 수도 있다고 판단한 윤석열 후보는 며칠 후 지방을 잠행 중이던 이준석 대표를 직접 만나 설득하려고 울주로 내려가는 수모를 감수하면서까지 자세를 낮춤으로써 갈등은 봉합되었다. 1차 파동이 봉합된 지 보름 정도 지난 12월 20일, 다시 갈등이 불거졌다. 국민의힘 선대위 비공개 회의에서 이준석 당 대표 겸 상임선대위원장과 조수진 최고위원 겸 선대위 공보단장이 윤석열 후보 부인 김건희 씨의 의혹들에 대한 대응 방식을 두고 공개적으로 충돌하면서 설전을 벌였다. 이 자리에서 조수진 단장은 "나는 (당 대표의 말은 안 듣고) 후보(윤석열)의 말만 듣겠다"고 충격적인 발언을 서슴지 않았다. 이에 이준석이 손바닥으로 책상을 치면서 자리를 박차고 일어나 회의장을 나가는 사태가 발생했다. 조수진 단장이 '눈물의 사과'를 했음에도 이튿날인 21일 그는 선대위 상임위원장직을 사퇴하고, 당 대표로서 당무는 계속하겠다고 선언했다.

또 윤석열 후보 부인 김건희 씨 관련 의혹들이 계속 불거지면서 지지율은 계속 하락하고, 선대위는 심각한 내홍을 겪자, 김종인 총괄선대위원장이 1월 3일에 윤석열 후보의 동의 없이 선대위를 재편하는 강수를 뒀다. 이는 다시 윤석열 후보와 김종인 총괄선대위원장 간의 갈등의 불씨가 되었다. 이틀 후인 1월 5일, 김종인 총괄선대위원장은 "선대위 개편은 대통령 당선을 위해 하자는 것인데, 쿠데타니 상왕이니 이딴 소리를 하고, 뜻이 안 맞으면 헤어지는 것"이라며 사퇴 의사를 표명했고, 친윤 의원들을 중심으로 1월 6일 의원총회에서 이준석 당 대표 탄핵안을 발의하여 결의하기로 했다.

이런 와중에 지난해 연말인 12월 27일에 보수 유튜브 채널인 가로세로연구소에서 "이준석 성 상납" 의혹을 제기했다. 그 내용이 비교적 구체적이었다. 이준석은 곧바로 이 사실을 부인하면서, 법적 조치를 강구하겠다며 엄포를 놓았다.

1월 6일, 예정대로 이준석 당 대표에 대한 탄핵안이 제기되었고, 의원들은 의총에서 이 문제를 놓고 난상토론을 벌였다고 한다. 의총에서 의원들은 '조건부 사퇴 결의문'을 채택하고 일부 의원들이 당 대표실을 찾아가 이 대표에게 "당 대표의 그간 언행에 심각한 일탈이 있었다는 데 의견이 일치했다"며 "절대 다수의 의원들은 당 대표가 즉각 사퇴해야 한다고 촉구하며, 향후 이 같은 사태가 재발할 경우 즉각 사퇴해야 한다고 결의한다"라는 최후통첩성 합의문을 전달했다.

이 최후통첩에 위기의식을 가졌는지, 이준석은 그날 오후 5시경에 의원총회장을 찾아가서 "의원들께서 의견을 모아서 복귀를 명령하시면 어떤 직위에도 복귀하겠다"고 사실상 항복 선언을 하면서 선대위에 무조건 복귀하겠다고 밝혔다. 그동안 자신이 주장했던 요구가 하나도 받아들여지지 않은 상황에서 전격적으로 이준석이 선대위에 복귀한 배경에 대해 설왕설래가 있었는데, 그 중 하나가 바로 이 "성 상납 사건"으로 약점이 잡힌 이준석이 어쩔 수 없이 항복했다는 것이었다. 사실 여부를 정확히 알 수는 없지만 개연성이 전혀 없어 보이지는 않는다.

그렇다면 이준석 대표가 대선 후보인 윤석열에게 두 번씩이나 정면으로 도발할 수 있었던 데에는 어떤 배경이 작용했을까? 37세 젊은이의 치기 때문이었을까? 아니면 뭔가 믿는 구석이 있었을까? 아무리 나이가 '어리다' 하더라도, 정치 경력이 10년이나 되는 이준석이라면, 대통령이 될지도 모르는 사람에게 정면으로 맞서는 것이 얼마나 무모한 짓인지 모를 리가 없을 것이다. 그의 정치 경력은 평범한 것이 아니다. 27세에 처음 입문하면서부터 집권 여당의 비상대책위원으로 발탁된 이래, 박근혜 정권에서는 내내 여당의 중심부에서 활동했고, 야당이 된 후에도 비록 국회의원에 당선되지는 못했지만, 항상 야당의 중심부 언저리를 벗어난 적이 없었다.

그가 유승민을 멘토처럼 여기는 '유승민계'라는 사실은 잘 알려져 있다. 더구나 그가 당 대표에 선출되기 5개월 전인 2021년 3월 6일에 유튜브 채널인 〈매일신문 프레스18〉에 출연하여 했던 발언이 동영상으로 공개되기도 했다. 그 방송에서 이준석은 다음과 같은 취지의 발언들을 했다: "안철수가 서울시장 되고, 윤석열이 대통령 되면 나는 지구를 떠나겠다. 난 당 대표 될 거다. 이준석을 품지 않을 사람들이면 서울시장 안 되고, 대통령 못 된다. 난 윤 전 총장이 단독으론 (대통령 되기) 어렵다고 보고, 윤 전 총장이 좋은 업자랑 같이 결합된다면 시너지 효과가 굉장히 클 것이다." 이 발언에서 이준석이 왜 무모하게 윤석열에게 대들었는지를 유추해볼 수 있다.

그는 스스로 자신의 능력을 대단히 과대평가하고 있다. 자신이 서울시장도 대통령도 당선시키거나 떨어뜨릴 수 있는 능력이 있다고 믿고 있음을 알 수 있다. 그래서 그는 자신이 유승민을 대통령으로 만들고, 자신은 당 대표를 맡아 국민의힘을 자신의 당으로 만들어 차기를 노렸던 것 같다. 그런데 유승민이 아니라 윤석열이 후보로 선출되자, 윤석열에게 자신의 도움 없이는 대통령이 될 수 없다는 것을 행동으로 보여주고 싶어 했던 것 같다. 정치 초년생 윤석열과의 첫 번째 갈등 국면에서는 이준석의 의도가 성공했다. 대통령 후보가 직접 남쪽 변두리인 울주까지 내려와 굴복하게 만드는 데 성공한 것이다. 그러나 한 번으로는 턱없이 부족했다. 제갈량이 맹획(孟獲)을 완전히 굴복시키는 데에는 '칠종칠금(七縱七擒)'의 인내심이 필요했다. 칠종칠금은 아니더라도 최소한 '삼종삼금'은 하여 윤석열이 스스로 이준석이라는 제갈량의 존재를 인정하고 고개를 숙이도록 만들려고 했던 것은 아닐까? 그는 자신에게 윤석열을 죽일 수도 있고 살릴 수도 있는 "비단주머니"가 많다고 믿으면서, 윤석열로 하여금 그러한 사실을 확인시키려고 시도한 것으로 보인다. 선거가 3개월 남짓밖에 안 남은 상황에서 최소한 '삼종삼금'이라도 하려면 작전의 주기가 짧아야 했다. 1차 길들이기가 완벽하게 성공하여 자신감을 얻은 이준석은 보름 만에 다시 2차 길들이기를 시도한다. 바로 조수진 공보단장의 발언을 문제 삼아 선대위원장직을 사퇴한 것이다. 그러나 그는 아무리 오합지졸이라 하더라도 국민의힘 현역 국회의원 100명의 힘을 너무 얕보았고, 또 철저하게 자신의 출세를 위해 눈에 불을 켜고 윤석열 후보 주변에 몰려 있던 "윤핵관"을 비롯한 강고한 이익공동체의 역량을 너무 우습게 여기는 오만함을 보였다.

그의 오만한 언행은 당 대표를 맡은 이후 끊이지 않았지만, 가장 '백미'는 이른바 "연습문제" 발언이다. 이 대표는 1월 5일, 신임 선거대책본부장을 맡은 권영세 의원과 면담을 가진 뒤, 기자들에게 "(권 의원과) 긴밀하게 소통했는데 무엇보다 선거기구에 대한 최근 문제는 결국 저희가 어떤 기대치를 가지고 있느냐보다는 실질적으로 사안을 맞닥뜨려 연습문제를 풀어봤을 때 제대로 공부했느냐 안 했느냐가 드러나는 것"이라고 하면서, "저는 명시적으로 권 의원에게 연습문제를 드렸고, 어떻게 풀어주냐에 따라 앞으로 신뢰·협력 관계가 어느 정도 이루어질지 판단할 수 있다"고 말했다. 한마디로 4선 국회의원조차도 그의 눈에는 한갓 자신에게 정치를 배워야 하는 도제에 불과했던 것이다. 37세 젊은이의 치기와 하버드의 오만함이 이준석을 몰락하게 하는 오판을 하게 만든 것이다. 더구나 윤석열이 누구인가? 그는 전직 검찰총장이다. 그는 검찰에서 평생 눈치와 '촉'으로 범죄자와 '적'들을 때려잡았던 사람이다. 그는 사람의 심리를 읽는 데에는 동물적인 감각을 가진 사람이다. 또한 그에게는 마음만 먹으면 이준석 같은 애송이 하나는 단칼에 보낼 수 있는 검찰 특수부 캐비닛 속의 파일이 있다는 것을 이준석은 몰랐던 것이다. 그의 머릿속에는 이미 이준석을 어떻게 할 것인지에 대한 그림이 완성되어 있었다고 나는 생각한다. 윤석열의 운명은 자신의 손아귀에 있다고 여겼던 이준석의 오만함은 지난 1월 6일을 기점으로 처참하게 무너지고, 두 사람의 역학 관계는 완전히 역전되었다. 그는 『삼국지』를 허투루 읽은 것이다. 정치판은 하버드의 두뇌만으로는 성공할 수 없다는 것을 몰랐던 그는 제갈량이 아니라 마속(馬謖)에 불과하다는 것을 아직도 깨닫지 못하고 있는 것 같다.

(2) 윤석열 정권과 이준석의 앞날

〈매일신문 프레스18〉에서 했던 발언이 아니더라도, 윤석열 후보가 바보가 아닌 이상, 이준석이 자신을 어떻게 여기는지 모를 리가 없다. 이준석도 국민의힘이라는 정글 속에서 10년 동안 잔뼈가 굵었기 때문에 권력의 생리를 누구보다도 잘 안다. 그래서 권력 앞에서는 어떻게 처신해야 하는지도 잘 알고 있다. 그는 자신의 '삼종삼금' 계략이 실패하자, 윤석열에게 납작 엎드렸다. 선거운동 기간 내내 열심히 선거를 도왔고, 윤석열은 당선되었다. 그러나 그가 진정으로 윤석열이 당선되기를 바랐는지는 의문이다. 윤석열이 당선되었을 경우와 낙선했을 경우를 상정하여, 어느 쪽이 자신에게 이득이 더 큰지 따져보지 않았을 리가 없다. 두 경우의 손익계산서를 보기로 하자.

우선 윤석열이 대통령이 되었을 경우를 보자. 윤석열은 당내 기반이 없는 정치 초년생이다. 대통령 후보가 되면서 당을 접수하기는 했지만, 아직도 당내에는 자신을 비토하는 그룹이 남아 있다. 대표적인 게 홍준표와 유승민, 그리고 이준석 당 대표 자신이다. 윤석열은 흠결이 많은 사람이기 때문에, 철저하게 자신의 영향권에 있는 사람을 내세워 차기 정권을 재창출함으로써 자신의 안위를 확보하려 할 것이다. 대통령 윤석열은 "윤핵관" 등 친위부대를 동원해 당내에서 자신에게 반기를 들 인물들을 제거하는 작업에 돌입할 것이다. 앞에서도 말했지만, 이미 홍준표와 유승민을 제거하기 위한 작업에 돌입한 것으로 보인다. 이준석에 대해서는 당 대표의 임기를 보장하겠지만, 남은 임기 동안 식물 대표로 만들어 힘을 쓰지 못하게 한 뒤, 내년에 있을 전당대회에서 권성동이나 장제원 등 친위 그룹 의원이 당 대표에 선출되면, 제22대 총선에서 그와 가까운 사람들은 공천을 받지 못하게 만들 것이다. 더구나 원외 당 대표라는 약점 때문에 남은 임기 동안 자신의 계보를 확대하기가 힘든 상황이어서, 대표 임기가 끝나는 즉시 단순한 n분의 1짜리 원외 위원장으로 전락할 것이고, 다시는 당의 중심부에 진입하기 어려워져, 정치적 생명이 위태로워질 것이다. 또 자신의 우군인 유승민 전 의원도 현역 국회의원이 아닌 데다, 자신의 코가 석 자여서 이준석을 도울 여력이 없는 상태이다. 이준석은 거의 재기 불능의 타격을 입을 가능성이 높다.

다음으로 윤석열이 대선에서 패배했을 경우를 보자. 이준석은 당연히 대선 패배의 책임을 지고 당 대표직을 조기 사퇴해야 할 것이다. 그러나 대선 패배의 가장 큰 책임은 후보가 지게 되어 있다. 또 2차적인 책임 소재도 분산될 가능성이 높아진다. 후보를 잘못 뽑은 책임을 당원들에게 돌릴 수도 있고, 윤석열의 '본부장' 비리 탓으로 돌릴 수도 있다. 그래서 그는 당장 당 대표직을 잃겠지만, 당 대표로서 구축해 놓은 자신의 인맥과 정치적 자산을 유지할 수도 있고, 재기하지 못할 만큼의 치명적 상처를 입지도 않을 것이다. 아직 나이가 젊기 때문에 얼마든지 다시 기회를 잡을 여지가 있다. 하버드의 머리를 가진 그가 이런 계산을 못했을 리가 없다. 또 한 가지 그가 기대했을 법한 시나리오는, 만약 국민의힘이 대선에서 패배하면 당이 비대위 체제로 개편될 것이므로, 이때 중도 성향의 비주류인 유승민을 비대위원장으로 옹립하게 만들면, 자신이 믿는 유승민도 살고 자신도 살 수 있다는 그림을 그

렸을 법도 하다. 그러니 그는 윤석열의 당선에 목을 맬 이유가 없었다. 아니 어쩌면 내심 윤석열이 낙선하기를 바랐을 수도 있고, 정치 초년생을 적당히 가지고 놀면서 낙선하게 만들 수 있다고 믿었는지도 모른다. 적어도 1월 6일 에 백기투항하기 전까지는 말이다. "성 상납" 의혹이 불거진 후, 그는 자신이 요구했던 문제가 전혀 해결되지 않았음에도 불구하고 무조건적으로 선대위 에 복귀하겠다고 선언했다. 이와 동시에 앞에서 말한 두 번째 선택지, 즉 윤 석열 후보가 낙선했을 경우의 시나리오도 사라져버린 것이다. 그리고 그후 부터는 윤석열의 당선을 적극 돕는 모양새를 취했다. 윤석열이 당선되면 내 년까지 1년 동안 당 대표직을 유지할 수 있으니, 시간을 벌면서 다른 수를 생각해보려고 했을지도 모른다.

그러나 이러한 추측이 사실이든 아니든 윤석열은 당선되었다. 이제부터 이준석의 운명은 어찌 될 것인가? 한마디로 가시밭길이 예상된다. 앞에서도 얘기했지만, 윤석열 정권하에서 이준석은 허수아비 당 대표가 될 것이다. 국 민의힘 내에는 100명의 현역의원들이 호시탐탐 당권을 노리며 이빨을 감추 고 있다. 그들은 윤석열의 눈에 들기 위해서라도 이준석이라는 먹잇감을 더 잔인하게 물어뜯으려 할 것이다. 그런 상태에서 원외이자 세력도 미미한 이 준석이 견뎌내기는 녹록지 않을 것이다.

그렇다면 5년 후에 그는 재기할 수 있을까? 그는 "이준석 신드롬"이라고 불렸을 만큼 20~40대의 절대적인 지지를 받아 당 대표가 되었다. 그것은 정치인에게 큰 자산이다. 그 소중한 자산을 지키기 위해 그는 당 대표로서 자신을 지지했던 이들에게 감동을 주는 정치를 했어야 한다. 그러나 그는 기 존의 '꼰대'형 당 대표들보다 더 꼰대 짓을 많이 했다. 그리고 이번 대선 과정 에서 그는 2030세대의 남성 표를 확보하기 위해 여성 표를 포기했다. 이른 바 '갈라치기'를 한 것이다. 그는 이것을 성공한 작전이라고 여기는 것 같다.

그러나 그것은 대단히 큰 착각이다. 그는 이번에 2030세대의 절반인 여성을 잃었다. 그렇다고 나머지 절반인 2030남성은 자신에게 감동해서 윤석열을 지지했을까? 절대 그렇지 않다. 그는 이번 일로 인해 자신에게 '갈라치기 정치인' '분열의 정치인'이라는 나쁜 이미지를 심어놓았다. 정치인이 대중에게 한번 나쁜 이미지를 심어놓으면, 그것을 바꾸기가 매우 어렵다. 그게 대선에서 윤석열의 득표에는 도움이 되었는지 몰라도 자신에게는 큰 손실이었다. 자신을 위해서 플러스 정치를 한 게 아니라 마이너스 정치를 한 것이다. 윤석열과의 힘겨루기에서 1월 6일에 무조건 항복한 이후, 스텝이 꼬이면서 외통수에 걸렸기 때문이다.

그는 하버드대 이과생의 머리를 가졌기 때문에 계산에는 능하다. 그러나 그것도 단기적인 표 계산에는 능하지만 장기적인 표 계산에는 그렇지 못한 것 같다. 정치는 계산기로 하는 영역이 아니다. 인문학적 감수성이 있어야 하고, 대중과 소통하면서 공감할 수 있어야 한다. 따뜻한 가슴이 없이는 절대로 큰 정치인이 될 수 없다. 이번에 전장연(전국장애인차별철폐연대)의 시위를 문제 삼아 막말을 쏟아내면서 물러서지 않고 끝까지 '치킨 게임'을 불사하고 있는 것은 그가 얼마나 공감 능력이 없는 정치인인지를 단적으로 보여준다. 이준석은 지난 3월 27일, 장애인 이동권 보장을 주장하며 지하철에서 시위를 벌이고 있는 전장연 소속 장애인들을 향해, "독선을 버려야 하고 자신들이 제시하는 대안을 받아들이지 않으면 서울시민을 볼모 삼아 무리한 요구를 할 수 있다는 아집을 버려야 한다"고 페이스북을 통해 주장했다. 그가 전장연에 대해 시위를 중단하라고 주장하는 논리적 근거는, "장애인의 일상적인 생활을 위한 이동권 투쟁이 수백만 서울시민의 아침을 볼모로 잡는 부조리에 대해서는 적극적으로 개입해야 한다"는 것이다. 여기에서도 그는 시민을 갈라치기하는 방식으로 자기 주장의 정당성을 인정받으려 하고 있다. 즉 장애인들의 시위로 인해 수많은 비장애인 서울시민들은 불편을 느낄 것이기 때문에, 소수인 장애인들의 시위를 비난하면, 다수인 비장애인들이 자신을 지지할 거라고 계산한 것 같다. 자신이 장애인들의 시위를 비난하는 것에 대해, 과연 비장애인 서울시민들이 "이준석이 바른말 했네" "이준석이 우리의 심정을 잘 대변했네"라고 칭찬하며 감동할까? 천만의 말씀이다. 그의 계산기는 고장난 계산기인 것 같다.

그는 대중과의 소통과 공감을 통해 정치를 하려는 게 아니라, 자신의 '똑똑함'을 입증함으로써 대중을 자신의 지지자로 만들려는 착각을 하고 있는 게 아닌가 싶다. 그가 '토론'을 즐기는 것도 바로 그러한 이유 때문으로 보인다. 그는 당 대변인을 공채하면서도 토론 배틀을 통해 선발했다. 그리고 이번에 전장연의 시위와 관련해서도, 이준석은 그들과 공개토론을 제안해둔 상태다. 사실 그가 즐기는 것은 토론이 아니라 논쟁이다. 논쟁을 통해 상대방을 압도함으로써 자신의 '똑똑함'을 입증하는 데에서 쾌감을 느끼는 것 같다. 그래서 그의 말투는 매우 공격적이다. 정치인이 논쟁을 통해 자신의 주장을 관철시켜야 하는 경우는 상대 당이나 정치인들을 상대로 해야 하는 것이지, 국민들을 상대로 그런 자세를 취해서는 안 된다. 더구나 사회적 약자인 장애인들을 상대로 그래서는 더더욱 안 된다. 그는 결코 큰 정치인이 될 수 없다.

아무튼 윤석열 대통령은 이준석의 당내 지지기반을 제거할 것이다. 그렇다면 5년 후에 자신이 스스로 재기해야 하는데, 그러기 위해서는 당 밖에 있는 2030세대의 지지가 절대적으로 필요하다. 그들의 지지를 지속적으로 받으려면, 갈라치기하여 그들만을 따로 분리시키는 작전으로는 안 된다. 국민 모두로부터 공감을 얻어야만 그들도 계속 지지를 보낼 것이다. 따라서 대중과 소통하고 공감하는 능력이 부족한 그로서는 자신의 힘으로 재기하는 것도 쉽지 않아 보인다.

|여록| 놈, 놈, 놈

대한민국에는 5,200만 명이나 되는 사람들이 어우러져 살다 보니, 별별 희한한 사람도 많고, 이상한 놈도 많다. 이번 대선 국면에서 정말 이름도 떠올리기 싫은 인간들이 셀 수도 없이 많았지만, 그들 중 딱 세 놈에 대해서만 잠깐 언급하려 한다. 내가 이들을 "놈"이라고 호칭한 것은 나름대로 고심 끝에 결정한 것이다.

이들을 "분"이라고 표현하기에는 내 자존심이 허락하지 않았다. 최소한 존경할 만한 점이 하나라도 눈에 띄어야 그런 고상한 호칭을 사용할 텐데, 이들 세 사람을 한동안 보아왔지만 내 눈에는 그런 점이 하나도 안 보였기 때문이다. 다음으로 "자(者)"라고 표현하자니, 이들에 대해 오해하는 사람이 있을 것 같았다. "이 자"라고 부른다면, 이들을 모르는 사람은 이들이 혹시 "이자(利資)"나 편취하여 먹고사는 사채업자라고 오해할까 염려되었다. 그러던 중 기발한 생각이 번개처럼 내 머리를 스치고 지나갔다. 내가 왜 진즉 이 생각을 못 했던가? 그렇지! "者"는 순수 우리말로 "놈"인데, 그 아름다운 말을 놔두고 쓸데없이 한참 동안 고민하게 만든 아둔한 내 머리가 원망스러워, 몇 대 쥐어박고 나서 "놈"으로 부르기로 했다.

〈웃기는 놈〉 "진보를 재구성하겠다"는 진중권

2020년 11월 19일(정확한 날짜는 최근에 확인했음), 나는 여느 때처럼 밤에 일을 마치고 새벽에 들어와 컴퓨터 앞에 앉아 이것저것 밀린 작업을 좀 하고는, 유튜브를 켜고 보다가 피곤하여 의자에 기댄 채 잠이 들었다. 잠결에 들으니, 내가 구독하는 유튜브가 방송 중이었다. 요즘은 거의 시청하지 않지만, 그때까지만 해도 거의 매일 CBS의 〈김현정의 뉴스쇼〉를 유튜브로 구독하고 있었다. 귀에 익은 목소리가 들리기에 얼핏 보니, 바로 그가 항공 점퍼를 입고 나와 대담을 나누고 있었다. 진중권이었다. 그래서 처음부터 다시 시청하기 시작했다. 주제가 참으로 거창했다. "진보는 어떻게 몰락하는가"라는 거대한 담론이었다. '저 정도의 주제로 대담을 할 수 있는 사람이라면, 진보 진영에서 꽤 영향력이 있거나, 매우 권위 있는 진보 이론가 정도는 되어야 하지 않나' 하는 생각이 들었다. 그런데 그게 진중권이라니! 나는 그 당시만 해도 나비넥타이 매고 종편에 출연하여 전여옥 같은 자들과 언어유희를 즐기는 그에 대해 별로 호의적인 감정이 없었다. 독일에 유학했고, 많은 저서와 역서를 출간했고, 배운 게 많으니 말빨은 좀 있지만, 그다지 논리적이지는 않아 보였다. 그런 그를 CBS가 그렇게 거대한 담론의 대담자로 선정한 것은, 그것도 한 번이 아니라 연속 2회 대담을 진행한다는 것에 대해 의아했다. 아마도 정의당이 조국 장관 임명에 동의한 것에 반발하여 정의당을 탈당하고, 진보 진영에 대해 게거품을 물고 비판하는 그를 높이 평가한 것 같았다. 그렇다면 번지수를 잘못 짚어도 한참 잘못 짚은 것이다. 그분은 기분 나쁘면 언제 어느 때고 퇴장하는 습성이 있다는 것을 몰랐던 것 같다. 2012년에 인터넷 방송에서 보수 패널과의 토론 도중에 자신의 맘에 들지 않는다고 자리를 박차고 퇴장하여 방송사고를 낸 적이 있다는 사실도 몰랐을 것이다.

그는 김현정 앵커와의 대담에서 이렇게 말했다. "이익 집단으로서의 진보는 잘 나가고 있다. 가치 집단으로서, 그들이 표방하고 주장했던 그 가치 집단으로서의 진보는 이미 몰락해버렸다." 그는 거침이 없었다. 민주당뿐 아니라 시민사회(시민단체)와 지식인들까지도 모두 타락해서, 지식인들도 그쪽(민주당)과 유착해서 그들과 이익을 공유하는 사회로 변질되었다는 내용으로 진보 진영을 신랄하게 비판했다. 등골이 서늘했다. 저렇게 학식이 높은 사람이 그렇게 말한다면 그게 사실일 수도 있겠다는 두려움이 엄습했다. 이어서 그는 유시민을 비롯한 진보 진영의 인간들은 모두 "좀비" 같고 오로지 강양구 기자, 김경율 회계사, 권경애 변호사 등, 조국을 '죽일 놈'으로 공격하던 몇 명만이 "사람"으로 느껴진다고 말했다. 그러면서 자신은 좀비들에게 이름을 빼앗기고 이름이 더럽혀진 진보를 재구성하는 일을 하겠다는 어마어마한 포부를 밝혔다.

세상에나, 세상에나! 이 땅에 구주 오셨네! 대한민국 진보의 현인이 나타나셨네! 내가 그를 탐탁지 않게 여겼던 건, 그분께 엄청난 결례를 한 것이었다. 나는 그가 다시 보이기 시작했다. 나비넥타이를 맨 개그맨정도로만 알았던 그에게 미안한 마음도 들었다. 진 석사께서 어떻게, 아니 강양구·김경율·권경애의 도움을 받는다 치더라도, 그가 어떻게 그 많은 좀비들을 다 물리치고, 진보를 재구성한단 말인가? 그는 사람이 아니라 신이시다. 진보를 재구성하려면, 그 좀비들을 모두 제거하거나 아니면 다시 "사람"으로 환생시키는 작업도 함께 해야 하거늘, 그 엄청난 일은 신이 아니면 할 수 없는 일이 아닌가? 그걸 그가 하시겠단다. 그의 인상이 말해주듯이, 그는 보통 비범한 사람이 아닌 게 분명했다. 얼핏 보면 젊은 사르트르 같기도 하고, 비트겐슈타인 같기도 한(돌아가신 두 분께서 기분이 나쁘셨다면 용서 바랍니다) 외모부터가 보통사람은 아니다. 경비행기를 조종하는 기술까지 지닌 걸 보면 확실히 보통사람은 아니다. 그래서 나도 진보의 지리멸렬함에 염증을 느끼고 있던 차에 그가 하루빨리 진보를 재구성하기를 기쁜 마음으로 바라마지 않았다. 그리고 그날부터 이제나저제나 하면서 그가 진보를 재구성했다는 소식이 들려오기를 목이 빠지게 기다렸다.

그런데 이게 웬일인가? 진보를 재구성하시겠다던 그분께서 어느 날은 빠루녀 나경원과 셀카를 찍어 페이스북에 올리시질 않나, 국민의힘에 가서서 강연을 하시질 않나, 윤석열의 멘토 역할을 하시질 않나, 국민의힘 대선후보들을 상대로 면접관이 되시질 않나! 나 같은 무지랭이가 그 신이나 다름없으신 분의 깊은 뜻을 어찌 알랴만, 뭔가 좀 이상하게 돌아간다는 느낌이 들었다. 이게 혹시 그분께서 '재구성한 진보'의 모습일지도 모른다는 생각이 들었다. 그래서 그분의 확실한 '교시'가 내려질 때까지는 단정하지 말고 공손한 자세로 더 지켜보기로 했다. 그리고 그렇게 1년 넘게 속세를 휘젓고 돌아다니시던 그분께서 뭔가 진보를 재구성할 방도를 찾으셨는지, 갑자기 금년 1월 21일에 다시 정의당으로 돌아오겠다며, 복당 신청을 하셨다는 소식이 들려왔다. 그분께서 "나는 심상정으로 간다"는 복음을 외치시자, 정의당에는 경사가 났다. 정의당의 여영국 대표는 감읍하여 "감사한 마음"이라며 그분의 복당을 덥석 받아들였다. 그런데 그분께서 그 복음을 전한 뒤에 하신 말씀 때문에 내가 느낀 실망은 말로 표현할 수 없을 만큼 컸다. 그분께서는 "진보의 재구성을 위해 젊은 정치인들을 뒤에서 돕는 일을 찾아보겠다"고 말씀하셨기 때문이다. 아니, 그렇다면 그동안은 진보를 재구성하는 일은 안 하시고 뭘 하셨단 말인가? 국민의힘에 가서 하셨던 일들이 진보를 재구성하는 일과는 아무 관련이 없었단 말인가? 나는 그분께서 조만간 진보를 재구성하셔서 '신상품'을 들고 나타나실 줄로만 믿고 있었는데, 이제부터 진보를 재구성하는 일을 하시겠다니, 이게 웬 날벼락이란 말인가? 그래도 또 더 기다리는 수밖에, 나 같은 무지랭이가 할 수 있는 일이 뭐가 있겠는가?

그분께서 복당하셔서 힘을 보태신 덕분인지, 이번 대선에서 정의당의 심상정 후보는 기대치를 훨씬 초과하여 2.4%나 되는 득표율에, 80만여 표나 득표를 했다. 그러나 아쉽게 심상정 후보는 간발의 차이로 대통령이 되는 데는 실패했다. 그분께서 한 달만 먼저 복당을 하셨더라면 하는 아쉬움이 있다.

그렇게 대선이 끝나고 며칠 후 그분께서 또 말씀이 있었다. 지난 3월 11일에 페이스북을 통해 이런 말씀을 남기셨다. "민주당이 살려면 비정상적인 정치 커뮤니케이션부터 복원해야 한다. 그러려면 김어준, 유시민, 그리고 몇몇 얼빠진 중소 인플루언서들을 정리해야 한다"고 게시를 내리신 것이다. 이게 아마도 그분께서 진보를 재구성하는 방식인 것 같다. 그분 마음에 안 들거나 어쩌면 그분보다 뛰어난 인물들은 다 빼고, 김경율·권경애 같이 자기 마음에 드는 자들만 끌어모아, '자, 지금부터 우리가 진보다'라고 선언하면 그게 진보라고 생각하는 것 같다. 참 웃기는 놈이다.

아니, 그리고 처음에 진보를 재구성하시겠다고 선언하시면서, 진보를 재구성하기 위해 페이스북 활동도 중단하시겠다고 했는데, 아직 그 목표를 이루지 않았음에도 슬그머니 페이스북을 재개하시는 명분이 무엇인지도 궁금하다. 신과 동급이신 분이 그에 대해 최소한의 해명도 하지 않으시는 것은 도리가 아니다. 또 "이익 집단으로서의 진보는 잘 나가고, 가치 집단으로서의 진보는 몰락했다"고 하셨는데, 그렇다면 이익 집단인 민주당은 이미 잘 나가고 있으니, 민주당을 걱정하실 게 아니라, 이익 집단으로서도, 가치 집단으로서도 전혀 잘 나가지 못하고 있는 정의당이나 걱정하시지, 왜 자기 당은 놔두고 남의 당을 먼저 걱정하시는지, 도무지 이해가 안 된다. 자기 앞가림도 못 하는 그분이 정말로 진보를 재구성하신다는 말을 믿어야 하는지 점차 회의가 들기 시작했다.

또 묻지 않을 수 없다. 그분께서 2년 동안 빠루녀를 비롯해 국민의힘 일당이나 윤석열 쪽 무리들과 그렇게 살갑게 지낸 것은, 그들은 좀비가 아니라 사람이었기 때문인가?

언어유희는 여기까지다. 진중권에게 충고한다. 내가 보기에 당신은 진보를 재구성할 수 있는 사람은커녕, 진보 인사도 아니다. 대한민국의 발전을 진정으로 걱정한다면, 진보를 재구성하는 일보다 보수를 재구성하는 일이 훨씬 다급하다는 것을 깨닫기 바란다. 진보를 재구성할 능력이 있는 자라면, 보수를 재구성하는 일이라고 못 할 리가 없지 않은가? 과대망상증에서 빨리 벗어나기 바란다. 나비넥타이 매고 이 종편 저 종편에 출연하여 출연료나 두둑이 챙긴다면야 누가 뭐라 할까마는, 남의 일에 참견하려고 할 때는, 최소한 자신의 분수를 알고, 자신이 낄 데인지, 못 낄 데인지 정도는 판단할 줄 알아야 하지 않겠는가? 정의당 코가 석 자인데도, 정의당 당원이 민주당부터 걱정하는 것은 직무유기이고, 당원으로서의 도리도 아니다. 김어준과 유시민을 정리할 것인지 말 것인지는 민주당이 어련히 알아서 할까 봐 주제넘게 간섭하는 것은 예의도 아님을 알기 바란다. 그리고 그들은 민주당 당원도 아닌 걸로 알고 있다. 한마디만 더 덧붙이자면, 내가 보기에는 그대가 유시민이나 김어준보다 나은 점이 단 한 가지도 안 보인다는 점이다.

〈이상한 놈〉 "김건희는 훌륭한 인격자"라는 주진우

주진우!

그는 어찌보면 윤석열 대통령 만들기의 공신이라고 할 수 있다. 윤석열 당선인이 대통령이 될 수 있었던 것은 그가 검찰총장이 될 수 있었기 때문이고, 그가 검찰총장이 되는 데에는 주진우의 역할이 컸다고 보이기 때문이다.

윤석열 서울중앙지검장은 검찰총장에 지명되기 직전에 양정철 씨를 만난 것으로 알려졌다. 보도되기로는 그 시점이 2019년 4월이라고 하는데, 윤석열 검찰총장 후보자 인사청문회에서 주광덕 의원의 질의에 대해, 윤 후보자는 "지난 2월 정도에 만났다"고 답변했다. 당시 양정철은 청와대나 민주당 어느 곳에서도 공식 직책을 맡고 있지 않은 순수 야인이었다. 그러나 그는 막후에서 문재인 대통령의 실세 행세를 하면서 국정원장을 만나는 등 여러 가지 구설수에 오르내리고 있었다. 그런데 서로 일면식도 없는 양정철에게 윤석열 지검장을 만나도록 주선한 사람이 주진우였다고 한다. 그리고 김용민 씨의 주장에 따르면, 그 자리에서 주진우는 윤석열 지검장을 "형"이라고 호칭하면서, 농담조이긴 했지만 "충성맹세를 하라"고 요구했다고 한다. 주진우는 "충성맹세를 요구했다는 것은 명백한 허위사실"이라고 해명했지만, 서울중앙지검장을 "형"이라고 호칭했다는 것만으로도 두 사람의 관계가 얼마나 각별한지를 단적으로 짐작할 수 있다. 그리고 그 후 검찰총장 후보자를 결정하는 과정에서, 조국 민정 라인의 반대에도 불구하고, 양정철과 노영민 비서실장의 강력한 천거에 힘입어 윤석열 지검장이 최종 후보로 결정되었다고 알려져 있다. 그게 사실이라면 분명히 주진우는 '윤석열 대통령' 탄생에 공을 세운 것이다.

나는 상당 기간 동안 주진우라는 사람을 매우 '유능한' 기자라고 생각했었다. 훌륭한 기자가 아니라 유능한 기자라고. 그는 2019년까지 몇몇 시사주간지들에 근무하다가 그 후 프리랜서로 활동한 시사평론가 겸 기자이다. 주간지들에 근무할 때부터 탐사 보도 등으로 많은 특종을 한 것으로 알고 있다. 특히 정치인이나 재벌과 관련된 특종들이었던 것으로 기억한다. 그리고 몇 권의 책도 썼고, 지상파와 팟캐스트 방송 진행을 병행하면서도, 많은 특종을 보도했다. 문재인 정부가 시작된 이후로 그는 한 유튜브 방송에 거의 매주 출연하여, 박근혜·이명박·이재용 등의 수사 진행 상황을 매우 세세하게 전해주었고, 앞으로 진행될 수사 전망까지도 확언에 가깝게 예언해주었다. 나는 감탄했다. 또 최근에는 영화감독으로도 데뷔하여 첫 작품을 출시하기도 했다. 어떻게 저렇게 바쁜 사람이 그리 많은 큰 특종들을 발굴할 수 있었을까?

2019년 6월 28일, 윤석열 서울중앙지검장이 검찰총장 후보자로 지명되어 인사청문회를 10여 일 앞두고 있던 시점이다. 그는 모 지상파 방송에 출연하여 윤석열 후보와 그 일가에 대해 '취재한' 내용을 상세히 밝혔다. 그가 자신이 직접 "열심히 탈탈 털었다"면서 밝힌 내용은 다음과 같다.

"박근혜 정부에서 윤석열 검사를 털고 털고 털었어요. 그런데 먼지 하나까지 털다가 못 털고 결국 국정원 수사 열심히 했다고 징계했습니다.

보통 공직자들이 많이 낙마하는 경우가 부동산 투기, 세금 탈루, 위장 전입, 논문 표절, 음주운전, 병역 면탈, 이 정도 되는데, 이분(윤석열 검찰총장 후보자)은 52세까지 아버지를 모시고 아버지 집에서 살았어요. 그리고 자식이 없잖습니까? 위장 전입도 없어요. 재산을 가져본 적이 없고, 재산이 많은 검사로 소개되고 있는데, 사실 역사상 가장 가난한 검찰총장입니다. 2억 1,300만 원이고요, 나머지는 부인 재산이에요. 부인 재산이 (공직자 재산신고에) 합해지지 않았어요. 아마 이렇게 안 합쳐질지도 모르겠어요. 이분이 그래서 부동산 투기도 상관이 없고, 세금 탈루도 상관이 없고, 위장 전입, 논문 표절 다 상관이 없어요.

음주운전도 상관이 없는 것이, 그런데 군 면제가 조금 걸리죠. 면제를 받으셨으니까, 부동시로. 그런데 이분이 운전면허가 없어요. 운전을 할 수도 없고요, 집에 소유한 차도 없습니다. 대중교통을 이용해 (출퇴근시) 타고 다녔는데, 부동시라는 것이 양쪽 눈이 너무 차이가 커서 운전을 하거나 그러면 굉장히 위험합니다. 근데 청문회 때문에 40년간 운전면허를 못 땄다고 하면, 그 정도 노력은 또 인정해줄 만도 합니다. 그래서 이 병역 문제도 별로 문제가 안 될 것 같아요. 부동시는 좀 흔한 질병입니다. (병역) 면제 사유로도 그렇구요. 김황식 전 총리가 부동시로 면제를 받았으니까요. 그래서 별로 문제 삼을 게 없습니다. 그리고 아까 말했듯이 박근혜 정부에서 털고 털고 또 털었습니다.

그런데 없는데, 그래서 가장 문제를 많이 삼고 있는 게, 뭐 아시다시피 장모님이 사기 사건에 연루되었다, 이 문제인데요. 제가 이 문제에 대해서 윤석열 서울중앙지검장이 지검장 되기 전에 지금 이 문제를 제기하는 사람한테 자료도 받고, 제가 정리를 해보고, 취재를 해봤어요. 깊게 해봤는데, 신빙성이 하나도 없고요. 그 문제 제기를 한 사람은, 이 장모 사기 사건 이런 걸 만들었던 사람은 대법원에서 벌금 천만 원 유죄 확정을 받았어요. 그러니까 지금 막 장모에 대해서 얘기하지 않습니까? 이거는 굉장히 위험한 일입니다. 자동으로 명예훼손 걸릴 사안이에요. 그리고 사기 사건, 유가증권 피해를 봤다고 하고, 안 모씨가 떠들고 다니는데, 이분도 대법원에서 실형이 확정된 사람이에요. 이미 몇 년 전에. 그러니까 이 장모 얘기는 함부로 하면 자동으로 명예훼손 된다는 걸 조심해야 됩니다.

이거 말고는 또 부인이 재산이 많다, 이분이, 언론사에서는 팀을 꾸려가지고, 사모님(김건희 씨) 전담 팀을 꾸려가지고 쫓았는데, 이분이 굉장히 저명한 전시기획자예요. 미술 전시기획자인데, 보통 전시기획자, 큐레이터 그러면, 그림을 팔고 사고, 중간에서 많이 거간비로 돈을 받고 벌고 이런 경우가 있어요. 예전에 이명박 대통령 측근들이, 측근들 부인들이 큐레이터를 하면서 그림 팔아 돈을 많이 챙겼어요. 지금도 왕성하게 활동하는 사람이 있습니다. 그런데 (김건희 씨는) 이런 일을 한 게 아니라, 전시기획자여서 세종문화회관이나 예술의전당 가면 만 원 내고, 팔천 원 내고 가서 그림을 보잖습니까? 그런 일을 합니다. 그래서 그림을 한 번도 사고 판 일이 없어요. 그리고 저는 이분에 대해 이 점을 좀 높이 사는데, 그림이나 미술 작품을 한 점도 소유하지 않았습니다. 재산 신고에도 보고 그러면. 그런데 사실은 그림을 좋아하거나 그림에 조예가 있는 사람은 갖고 싶은 욕심이 있잖습니까? 그리고 전시를 진행하면 좋은 기회가 오기도 하구요. 그런데 기획자는, 그리고 큐레이터는, 미술을 담당하는 사람들의 그림을 사고 하면, 그분한테 부담이 되기도 하고, 그리고 욕심을 누를 수 없다고 해서, 그림을 소유하지 않는다고 합니다. (사회자 김용민: 주진우 기자도 열심히 털었네요.) 저는 열심히 털었죠. 저는 그리고 그림을 좋아하기 때문에, 제가 이 미술 시장을 조금 알아요. 그래서 제가 그쪽을 조금 봤는데, 그렇습니다.

그리고 이분이 사실은 윤석열 지검장이 황교안 전 장관한테 징계도 받고, 내부에서 징계를 받았을 때, 대구고검 검사로 좌천됩니다. 징계받고 좌천되고, 그리고 그 다음번에 대전고검 검사로 좌천됩니다. 그래서 사표를 몇 번 내려고 했는데, 사모님이 '당신이 사표를 내면, 후배들 팀원들은 어떻게 하냐? 팀원들이 자리를 잡을 때까지 몇 년만 버텨라. 돈은 내가 벌겠다' 이러면서 말렸다는 게 검찰 내에 다 알려진 사실입니다. 이것도 흠집내기 위해 그러는 것인데, 제가 보기에는 훌륭한 인격자인 거 같습니다. 사실 그런데 윤석열 지검장의, 검찰총장 후보자의 사생활은 황교안 법무부에서, 그리고 박근혜 정권에서 다 관리를 했어요. 탈탈 털었기 때문에 어느 정도 검증이 됐다고 봅니다.

마지막으로 이제 본인한테 얘기 나오는 거는, 그러니까 기수를 파괴했기 때문에 (검찰) 조직의 신망이 없을 거라고 얘기를 하는데, 그런데 사실은 검찰 내부에 신망이 굉장히 높아서, 문무일 검찰총장이 사실 수사권 조정에 대해서 조금 돌발행동도 하고, 외국 출장 중에 들어와서 기자회견도 하겠다는 등 연기도 하셨는데, (사회자 김용민: 연기한 거예요?) 아니 연기는 아니고, 마음속에서 이렇게 나온 게 있지만, 검찰 조직이 이렇게 안정되어 있는 이유가, 윤석열 지검장이 중심을 잡고 있기 때문이기도 합니다. 이분은 9수, 그러니까 아홉 번 낙방한 후에 사시를 패스했잖습니까? (사회자 김용민: 아홉 번 낙방한 이유는 뭐였어요?) 공부를 안 했으니까 그랬죠. 술 먹고 다니고. 이분이 대학교 3학년 때 1차를 합격했는데, 10년 있다가 사시에 붙었어요. 근데 그동안 뭘 했냐 하면요, 동기생과 후배들한테 사시 시험은 어떻게 보는 것이다, 이러면서 사람들 모아다가 술을 계속 사주고, 사람들을 데리고 다니고 그랬었어요. (중략)

그런데 미담이 하나 있는데, 미담이라고 해야 되나, 일화가 있는데, 윤석열 후보자의 대학 동기 한 분이 사시를 수석으로 합격했어요. 근데 이분은 윤석열 후보자가 맨날 밥도 먹이고 술도 사주고 그러던 사람인데, 근데 시위 전력이 있어서, 민주화운동 전력이 있어서, 그때만 해도 신원조회에서, 그러니까 사시를 합격하면 나중에 신원조회를 하는데, 시국사범들 민주화(운동) 전력이 있으면, 시위 전력이 있으면, 사시를 패스하지 못 하는 그런 경우가 있었는데, 본인이 낙방한 날, 낙방했는데, 친구의 손을 잡고, 또 다른 친구의 아버지가 그때 민정당의 실세 의원이었어요. 그래서 '아버님, 이 친구는 꼭 법조인이 돼야 하고, 이 나라의 법조계를 위해서 큰일을 할 사람입니다.' 이렇게 손을 잡고 가서 그분이 사시를 패스했다는 그런 이야기가 있습니다. (중략)

본인이 낙방한 날 친구 손을 잡고 가서 얘기해서……(그 도량의 크기를 알 수 있다는 취지임). 그리고 뭐가 있냐면요, 국정원 수사를 하다가 징계를 받았잖습니까? 징계를 받은 이유가 국정원 직원들의 불법 행위들에 대해서 압수 수색하고 계속 수사를 했는데, 위에서 못 하게 했어요. 근데 계속하자, 이걸 가지고 징계했는데, 이게 징계 사유가 안 됩니다. 그래서 법무부하고 검찰에서 당시에 (중략) 소송을 할 거다 그랬는데, 윤석열 지검장이 소송을 하지 않았구요. 그다음에 언론을 통해서 한마디도 인터뷰를 하지 않았어요. 그리고 자기가 다 안고 대구로 내려갔거든요. 그때 인제 황교안을 따르는 약간 정치색이 있는 검사들도 그 부분을 되게 높게 사서 검찰 내에서의 신망은 굉장히 높습니다. 그래서 검찰 조직이 뭐 기수 파괴라고 해서 움직이지(동요하지) 않습니다. (후략)"

김용민 씨가 진행하는(원래의 진행자인 김어준 씨가 휴가 중이어서 임시로 김용민 씨가 진행했음) 프로에서 주진우가 윤석열 검찰총장 후보와 관련해 밝힌 거의 전문을 기록한 것이다. 이 내용이 사실이라면 윤석열 부부는 완전무결한 무결점의 인간들이다. 주진우가 말한 내용은 거의 '윤석열 찬가'나 다름없다. 그런데 나는 주진우가 말한 이 내용을 듣고 나서, 한 가지 의문이 남았다. 이렇게 내밀한 내용들을 과연 누구에게 취재했을까? 윤석열 본인이 말해주지 않았으면 알기 어려운 내용들이 포함되어 있는데, 혹시 윤석열 본인에게 들은 내용을 그대로 옮긴 것은 아닌가 하는 의문이었다. 어쨌든 내가 이렇게 장황하게 그가 한 말을 거의 그대로 옮겨 적은 이유는, 내가 주진우라는 인간을 평가하면서 혹시라도 편견이 개입했을지도 모르기 때문에, 이 글을 읽는 독자들도 함께 판단할 수 있도록 하기 위해서이다.

당시에는 나도 윤석열 같은 '정의로운' 검사가 검찰총장이 되어 문재인 정부가 추진하는 검찰개혁에 앞장서 주기를 간절히 바라고 있었으므로, 주진우의 취재 내용을 듣고 그대로 믿고 싶었고, 주진우가 고마웠다. 또 윤석열에 대한 믿음도 더욱 강해져 매우 안도했던 기억이 난다. 주진우가 말한 내용대로라면, 윤석열 검사는 인품이 훌륭한 게 맞다. 김건희 씨도 매우 바르고 현명한 사람이며, 그의 어머니, 즉 윤석열 검사의 장모도 매우 억울하게 모함을 당하고 있는 선량한 사람들이다. 박근혜 정권에서 털고 털고 또 털었는데도 먼지 하나 나오지 않았단다. 뿐만 아니라 주진우 자신도 윤석열 일가를 탈탈 털었는데, 먼지 하나 나오지 않았단다. 이 시대의 청백리라는 뜻이다. 이 시대뿐 아니라, 역사상 가장 청렴한 공직자인 것이다. 윤석열과 김건희 모녀에 대한 주진의 찬송은 거의 신앙 수준이다. 반면 막강한 권력을 가진 그들과 18년 동안 인생을 걸고 법정 투쟁을 벌이고 있는 정대택 씨와 다른 피해자들은 매우 악질적인 나쁜 사람들이란다. 과연 그럴까? 앞에서도 언급한 적이 있는데, 정대택 씨는 거짓말을 하고 있지 않다고 나는 확신한다. 거짓으로 저렇게 끈질기게 자신의 모든 것을 걸고 18년 동안이나 싸울수 있는 사람은 없다. 그럼 주진우는 무슨 근거로 이런 판단을 내린 걸까? 자신이 직접 취재를 해보고 내린 판단이라고 하는데, 어떤 취재를 한 것일까? 그에 대한 결론은 다른 얘기를 좀 더 한 후에 내리기로 하자.

주진우는 또 자신이 진행하는 방송에서 여러 차례 윤석열과 한동훈을 비호하는 발언을 했고, 다른 여러 매체들에 출연해서도 같은 발언을 했다. 추미애 법무부 장관과 윤석열 검찰총장 사이에서 이른바 '추−윤 갈등'이 최고조에 달했을 무렵에, 그는 추미애 장관에 대해서는 비판적인 어조로 공격하고, 윤석열과 한동훈에 대해서는 옹호하는 발언을 계속했다. 그는 자신이 진행하는 방송 프로에서, 게스트인 박시영 씨와 언쟁을 벌이며 윤석열과 한동훈을 적극적으로 옹호하기도 했다. 방송에서 프로그램 진행자는 자신의 견해와 맞지 않더라도 웬만하면 게스트의 주장을 하나의 견해로 인정하고 넘어가는 게 상식인데, 그는 끝까지 언쟁을 벌였다.

또 한동훈 검사와 채널A의 이동재 기자가 유시민 노무현재단 이사장에 대해 정치적 수사를 위해 음모를 꾸몄다는 의혹을 사고 있는 이른바 '채널A 사건'에 대해서도, "한동훈은 이동재와 소통한 적이 없다"고 주장하기도 했다. 이게 과연 그가 사실관계를 객관적으로 직접 취재한 결과인지, 아니면 한동훈의 일방적 주장만을 근거로 한 건지, 아니면 그들을 보호하기 위해서 거짓말을 한 것인지 궁금하다. 또 이 문제로 추미애 법무부 장관이 수사지휘권을 발동하여, 윤석열 검찰총장을 이 사건 수사에서 배제시키자, 주진우 기자가 추 장관을 찾아가 법무부 장관의 검찰총장에 대한 수사지휘권 발동은 부당하다는 취지로 '조언'을 했고, 추 장관이 이에 대해 크게 화를 냈다는 증언도 있다.

이러한 여러 가지 정황들을 종합하고 나서, 나는 다음과 같은 합리적 의심을 하게 되었다.

그동안 주진우가 기자로서 정·관계 고위 인사들의 수사와 관련해 많은 특종을 보도한 것이, 혹시 윤석열이나 한동훈을 검찰의 빨대로 활용하는 대신, 다른 도움을 준 것은 아닌가 하는 점이다. 그랬다면 그는 기자로서 대단히 부적절한 행위를 한 것이다. '검언유착'이자 '권언유착'이다. 이동재와 다름없는 짓이다. 그런 짓은 정치 브로커가 할 짓이지, 기자가 할 짓은 아닌 것이다.

이런 주진우와 2011년 말에 팟캐스트 〈나는 꼼수다〉에서 함께 활동한 이래로, 최소한 10년 이상 친밀한 관계를 유지해왔던 김용민 씨가 2020년 12월 3일에 자신의 페이스북을 통해, 이러한 전반적인 문제들에 대해 주진우에게 공개질의했다. 그 내용을 요약하면 다음과 같다.

〈주진우 기자의 해명을 기다립니다〉

주진우 기자가 우리 편이라고 믿어 의심치 않는 분들이 적지 않습니다. 그 심연에는 주진우 기자가 우리와 계속 한 편이어야 한다는 간절한 소망이 있다고 생각합니다. (중략)

그러나 비교적 가까운 위치에서 그동안 주진우 기자의 행적과 발언을 살펴볼 때에 그가 과연 같은 편인지 의문을 가질 일이 적지 않았고, 마침내 그를 '윤석열 패밀리'로 보는 것이 합리적이라는 뼈아픈 결론을 내리게 됐습니다.

(중략)

그가 '윤 패밀리'로서, 윤의 정치적 이익을 대변하는 역할을 해왔다면, 윤석열이 물러나야 한다고 믿는 지지자 절대 다수에게 같은 편인 양 기만한 행위는 용납받을 수 없습니다. (중략)

주진우 기자에게 윤석열 패밀리 의혹이 있는데, 이것이 규명되지 않은 채 그가 여전히 검찰개혁을 바라는 시민들로부터 무턱대고 '같은 편'으로 평가받게 되는 상황을 방기해, 훗날 주진우 기자를 믿고 응원했던 지지자에게 더 큰 절망과 슬픔을 안겨준다면, 그것은 주진우 기자 자신을 위해서도 바람직하지 않을 것이라 믿습니다. (중략)

주진우 기자에 대한 윤 패밀리 의혹은 정계, 관가와 언론계에서 폭넓게 떠돌았지만, 보도는커녕 함구되는 분위기입니다. 한 기자는 "편집국에 폭탄전화가 우려된다"고 했습니다. 그의 영향력이 실로 막강함을 느낍니다. (중략)

주진우 기자의 납득할 해명을 부탁합니다.

〈공개질의합니다.〉

1. 제가 취재한 증언에 따르면, 강력한 검찰총장 후보로 거론되던 윤석열 씨가 양정철 씨와 회동할 무렵에 주진우 기자도 그 자리에 합석했습니다. 양 씨가 윤 씨를 잘 모르던 시기였기에 주진우 기자가 두 사람을 소개해준 것으로 해석됩니다. 증언에 따르면, 총 4명이 있었던 이 자리에서 주진우 기자는 윤석열 씨에게 '형'으로 호칭하며 양 씨에게 반농담조의 충성맹세를 요구했습니다. 묻겠습니다. 증언대로라면 세상 사람이 다 아는 주진우 '기자'는 기자로서 왜 이 자리에 참석했습니까? 취재 목적이었습니까? 검찰총장 후보자로 거론되던

윤 씨에게 충성맹세를 요구한 것이 농담이나 장난으로 치부될 수 있는 일이라고 생각합니까?

2. 지난 4월 초로 기억됩니다. MBC에서 한동훈 검언유착 의혹 보도가 나온 이후인데요. 주진우 기자는 저에게 한동훈과 채널A 이동재 기자는 소통한 바 없다고 말했습니다. 그러나 두 사람의 만남을 입증하는 녹취록은 오랜 시간이 걸리지 않아 세상에 공개됐습니다. 묻겠습니다. 이렇게 말한 이유는 상황을 오판한 것입니까? 아니면 고의로 거짓말을 해 한동훈의 이익을 대변하고자 한 것입니까? 아울러 사실 아닌 이야기는 한동훈 이동재 두 사람 중 누구에게 전달받은 것입니까?

3. 복수의 증언에 따르면, 검언유착 관련 문제로 추미애 법무부 장관의 수사지휘권 발동 후, 주진우 기자는 추 장관을 찾아가 조언을 한다며 장관이 발동한 총장에 대한 수사지휘권은 부당하다는 취지로 이야기했다가 추 장관의 노여움을 산 일이 있었습니다. 묻겠습니다. 주 기자는 이 일과 관련해 여론을 전달하려 했다는 이야기도 있습니다만, 여론을 빙자해 추 장관의 수사지휘권 발동에 제동을 걸려고 한 것은 아니었습니까? 추 장관의 어떤 조치가 부당하다는 것이었습니까? 그 견해 피력은 혹시 윤석열 씨의 뜻을 전한 것입니까?

4. 증언에 따르면, 윤석열-홍석현 회동을 취재하던 모 기자가 윤석열 씨에게 반론 청취차 전화통화를 한 뒤, 얼마 지나지 않아 주진우 기자는 그 기자에게 전화해 윤석열 라인이 삼성 수사할 수 있도록 해야 하고, 그렇기에 윤석열 라인을 흔들면 안 된다고 말했습니다. 묻겠습니다. 증언이 사실이라면, 윤석열 씨로부터 그 기자에게 항의 전화를 하라는 부탁을 받았습니까? 그리고 삼성 수사와 윤석열-홍석현 회동 보도가 무슨 상관입니까? (후략)

나는 김용민 씨의 공개질의 요구에 전적으로 공감하고 동의한다. 그리고 최근에 다시 매우 참담한 일이 벌어졌다. 주진우가 영화감독에 데뷔하여 첫 작품을 출시했다는 것이다. 〈나의 촛불〉이라는 작품이라고 한다. 촛불을 들었던 나로서는 매우 불쾌했다. 촛불 시민들의 지지를 받아 검찰총장이 되었는데, 촛불시민들이 그렇게도 갈망하는 '검찰 개혁'을 기만했고, 대통령이 되어 검찰을 다시 무소불위의 권력집단으로 되돌려 놓겠다는 윤석열을 그렇게 열심히 비호하고 감쌌던 주진우가 어떻게 감히 '나의 촛불'을 말한단 말인가? 나는 화가 나고 참담하다. 배우 김의성 씨가 함께 감독을 맡았다고 하는데, 김의성 씨는 누가 뭐라 해도 촛불 정신을 실천하는 사람이니, 이 영화에 대해 더 얘기하는 것은 그에게 누가 될까 두려워 더 이상 언급하지 않겠다.

주진우가 이번 대선에서 이재명을 찍었는지, 윤석열을 찍었는지, 나는 그것을 알고 싶지 않다. 그것은 순전히 그의 자유이다. 그러나 그가 고급 외제 승용차를 타고, 강남 요지에 18억 원이나 되는 아파트를 현찰로 구입할 정도로 물질적 풍요를 누릴 수 있게 되기까지, 그는 촛불을 들었던 그 민주 시민들에게 은혜를 입은 바가 적지 않다고 본다. 그 민주 시민들이 주진우의 취재 내용을 믿고 환호했고, 그를 진정한 기자라고 믿으며 응원했기 때문에, 오늘날 그가 비싼 출연료를 받으며 방송 진행자로, 프리랜서 기자로 성공할 수 있었기 때문이다.

그래서 나는 주진우에게 요구한다. 당신이 방송에 나와 윤석열 및 그 처·장모와 한동훈 대해, 그리고 정대택 씨 등에 대해 했던 말들은 당신이 말한 대로, 진짜 당신이 탈탈 털어가며 취재한 내용인지, 그리고 아직도 그 내용들이 전부 사실이라고 믿고 있는지 밝혀야 한다. 혹은 차후에라도 다시 취재해보니 사실과 다른 내용들이 있었는지, 있었다면 어떤 것들이 다른지에 대해 소상히 밝힐 의무가 있다. 그리고 잘못이 있었다면 공개 사과할 의무가 있다. 또 김용민 씨의 공개 질의에 대해서도 성실히 답해야 한다. 그리하여 그동안 당신을 지지해왔던 시민들로 하여금 당신에 대해 계속 지지할 것인지, 지지를 철회할 것인지를 정확히 판단할 수 있게 해주어야 한다. 그렇게 하지 않는 것은 지금까지 오랫동안 당신을 믿고 지지했던 촛불 시민, 민주 시민들에 대한 기만이자 배신이며, 최소한 인간으로서의 도리도 아니다. 주진우 당신이 윤석열 일가에 대해 탈탈 털어 취재했다는 내용들이 사실이라면, 나는 공개적으로 윤석열을 지지할 의사가 있다. 이렇게 흠이 없고 훌륭한 사람을 대통령으로 지지하는 데 주저할 이유가 하나도 없지 않은가?

이제 곧 당신이 "훌륭한 인격자"라고 했던 그 사람들이, 한 사람은 이 나라의 대통령이 되고, 또 한 사람은 이 나라의 대통령 영부인이 된다. 당신이 떳떳하게 공개적으로 그를 "형"이라 부르고, 그녀를 "형수님"이라 불러도 국민들이 불편해하지 않도록, 앞으로 5년 동안 그들이 훌륭한 인격을 갖춘 대통령과 대통령 영부인이 되었으면 좋겠다. 그러나 당선 이후 오늘까지 20여 일 동안의 행보를 보면 그런 싹수가 전혀 보이지 않는다.

〈한심한 놈〉 또 철수한 안철수

이번 대선에서 선거 막판까지 여야 불문하고 최대의 관심사 중 하나는 바로 윤석열과 우리 철수의 단일화 여부였다. 우리 철수는 2021년 11월 1일, 기자회견을 열어 문재인 정부를 신랄하게 비판하고 나서, 당시 거론되는 대통령 후보군에 대해 "국민들은 나쁜 놈, 이상한 놈, 추한 놈만 있다며 걱정이 태산이다"(내가 우리 철수의 이 멘트에서 '놈'이라는 호칭의 힌트를 얻은 것을 절대로 아님)라면서, 자신이 "더 좋은 대한민국을 만들겠다"며 대선 출마를 공식 선언했다. 그는 5년 전보다 모든 게 '발전'해 있었다. 우선 눈썹을 장비처럼 진하고 굵게 문신하여 얼굴에서 한결 카리스마가 묻어났으며, 헤어스타일도 각을 잡아 빗어 넘긴 데다, 연습을 많이 했는지 목소리도 예전보다는 굵직해진 느낌이 있었다. 이런 외형적인 것만 보면 우리 철수는 당장 대통령이 되어도 아무 손색이 없었다. 그런데 나는 '우리 철수가 과연 이번에는 완주할 수 있을까' 하는 의구심이 먼저 생겨났다. 그러면서 나 자신과 내기를 했다. 우리 철수가 결국은 또 철수한다는 데에 1만 원을 걸었다.

  그런데 나의 예측은 빗나가지 않았다. 우리 철수는 금년 2월 13일, 윤석열 국민의힘 후보에 대해 "더 좋은 정권교체를 위해, 즉 구체제 종식과 국민 통합의 길을 가기 위해, 야권 후보 단일화를 제안한다"면서, 여론조사 방식으로 후보를 단일화하자고 제안했다. 당시 윤석열 후보가 우리 철수보다 지지율이 3배 정도 높았기 때문에 "잘해야 본전"인 윤석열이 "못해도 본전"인 우리 철수의 제안을 받아들일 이유가 없었다. 시간은 자신의 편이라고 생각한 윤석열은 "가타부타 아무런 대답이 없었고", 촉새 이준석은 계속해서 우리 철수의 자존심을 긁어댔다. 아무리 '정치 초딩'이라지만 우리 철수도 '한 성질'하는 사람인데, 더이상 모욕을 참을 수 없었다. 결국 우리 철수는 마음을 굳게 먹고 단일화 제안을 철회했다. 단일화 제안을 한 지 딱 1주일 만인 2월 20일, 우리 철수는 "이제부터 나의 길을 가겠다"고 선언했다. 기자회견 화면을 보니, 우리 철수는 화가 단단히 나 있었다. 선거가 20일밖에 남지 않은 시점인지라, 나는 잠시 '아, 이번에는 우리 철수가 정말로 안 철수할 모양'이라고 생각했다. 나의 예측이 빗나갔지만 나는 흐뭇했다. 그러나 한나절도 안 되어, 나는 생각을 바꾸었다. '20일이라는 시간은 우리 철수에게는 천지가 뒤바뀔 수도 있는 긴 시간'이라는 생각이 들었다. 우상호 의원이 TV에 나와 "이제 단일화는 완전히 끝났다"고 자신있게 말하는 것을 보고, 나는 페이스북에 이런 글을 올렸다. "철수는 아직 안 끝났다. 끝까지 가 봐야 한다"는 내용이었다. 그렇지

만 마음속으로는 우리 철수를 응원했다. '그래, 철수야! 잘 생각했어. 너도 자
존심이 있는 안철수잖아. 이번에는 반드시 완주하여 또철수라는 불명예를 깨
끗이 씻어버려!' 그러면서도 마음이 놓이지 않았다. 우리 철수가 완주를 해야
윤석열의 당선을 저지하는 데 유리하다는 판단 때문이었다.

우리 철수는 나의 응원을 저버리지 않는 듯했다. 토론회에서는 독기를 품
고 윤석열을 공격했다. 그리고 선거를 6일 남겨둔 3월 2일, 마지막 TV토론
이 있었는데, 유감스럽게도 나는 밤에 생계를 위해 일을 나가기 때문에, TV
토론을 한 번도 생중계로 본 적이 없다. 그런데 새벽에 들어와 컴퓨터를 켜
니, 포털에 윤석열과 안철수가 단일화에 합의했다는 충격적인 뉴스가 올라
와 있었다. '아아! 우리 철수가 결국은 나의 예측을 벗어나지 않는구나.' 자고
일어나보니 단일화와 관련한 에피소드가 모든 언론을 장식하고 있었다. 전
날 마지막 TV토론에서 우리 철수는 윤석열과 마찬가지로 빨간색 넥타이를
매고 나왔고, 이전 토론과는 달리 윤석열에 대한 공격과 비판을 자제하는 모
습을 보고, 이상하게 생각했다는 내용이었다.

안철수, 참 한심한 놈이다. 그런 행동을 하니까 '정치 초딩'이라고 놀림을
당하지! 2월 20일에 단일화 제안을 철회한 후 2주일 동안 기자들이 질의할
때마다 "단일화는 결렬되었다고 선언하지 않았습니까?"라며 단호하게 단일
화에 선을 긋더니, 고작 2주일 만에 아무런 명분도 없이 황망하게 백기 투항
을 하다니! 또 철수를 하다니! 그건 국민을 우롱하는 행동이라는 것조차 모르
다니! 이제 우리 철수는 윤석열 정부에서 여당 대표라도 한번 하려고 하는 것
같은데, 윤석열이나 국민의힘 내에 똬리를 틀고 있는 능구렁이 같은 자들이
정치 초딩 철수에게 호락호락 그렇게 큰 감투를 씌워줄지는 알 수 없다. 제발
꼭 그 당의 대표가 되어, 그 당을 좀 망쳐놓았으면 좋겠다. 우리 안 초딩!

비록 내가 김건희 씨처럼 관상을 보는 재주는 없지만, 내가 보기에 우리

철수는 애초부터 정치와는 맞지 않는 성격의 소유자인데, 얼떨결에 정치판에 들어와 고생 많았다. 오늘 보도를 보니, 우리 철수가 국무총리는 하지 않겠다고 선언했던데, 오랜만에 우리 철수 참 잘했어요. 대통령도 저렇게 구청장감도 안 되는데, 국무총리까지 초딩 수준이 맡으면 이 나라가 도대체 어떻게 될 뻔했는가? 생각만 해도 끔찍하다. 나라를 위해서 참 좋은 결정을 했다. 또 국무총리나 장관을 하려면, 수천억 원이 넘는 소유 주식을 백지 신탁해야 하는데, 돈을 매우 소중히 여긴다는 우리 철수가 파리 목숨인 그깟 국무총리 한번 하자고 백지 신탁을 하는 것도 현명하지 못한 것이니, 우리 철수는 역시 이래저래 좋은 결정을 했다.

그런데 일각에서는 우리 철수가 저렇게 '정치 초딩'이라고 조롱을 당하면서도 굳건히 정치판을 떠나지 않는 것은, 정치에 목적이 있는 게 아니라, 정치 이벤트가 있을 때마다 어떤 형태로든 자신의 존재감을 부각시켜서 자신이 대주주로 있는 안랩의 주가를 올리기 위해서라고 주장하기도 하는데, 그렇다면 속 좁은 내가 대붕의 큰 뜻을 읽지 못한 셈이다.

아무튼 이번 정권이 끝날 때까지 정치판에서 잘 살아남아, 이준석의 뒤를 이어 당 대표라도 한번 하고, 가문의 영광을 이루기 바란다. 그러고 나서는 말년을 정치판에서 헛고생하지 말고, 그 많은 재산으로 호의호식하면서 편안히 보내기 바란다. 안철수! 참 한심한 놈이다!

|사 족| 국민의힘과 윤석열 대통령 **지지자들에게**

원래 "뱀"을 그리려고 시작했던 일은 아닌데, 도중에 욕심을 내어 "뱀"을 그리려고 했던지라, 마무리하려고 하니 뱀을 닮은 것 같기도 하고, 아닌 것 같기도 하여, 뭔가 많이 부족하다는 느낌을 지울 수 없다. 그 허전함을 채우기 위해, 다리를 하나 그려 넣어보련다. 국민의힘과 윤석열을 지지했던 사람들에게 전하고 싶은 당부의 말이다.

당신들이 지지했던 윤석열 후보의 당선을 축하한다. 내가 무슨 말을 해도 당신들 중 그 누구도 귀담아들을 사람이 없으리라는 것을 알면서도 짧게나마 두서없이 내 생각을 말하는 이유는, 당신들로 하여금 민주당을 지지해달라고 부탁하려는 것이 아니다. 보수든 진보든, 자신의 이해관계가 다르기 때문에 각자 자신의 이익에 부합하는 정당을 지지하는 것은 너무나도 당연하다고 생각한다. 그러나 또한 보수를 지지하든, 진보를 지지하든, 나라가 잘 되기를 바라는 마음은 똑같다고 생각한다. 그렇다면 어떻게 하는 게 보수의 입장에서 진정으로 나라를 위하는 길일까? 당신들이 보수의 가치를 신념으로 삼고 있어서이든, 윤석열의 공약이 마음에 들어서이든, 아니면 문재인이나 이재명이 싫어서 윤석열을 무조건 지지해서든, 어쨌든 당신들이 원하는 윤석열 당선의 꿈을 이루었다. 그러나 그것으로 당신들의 소명을 다한 것은 아니다. 윤석열 정부가 나라를 잘 이끌어 5년 후에는 대한민국이 지금보다 나은 상태가 되도록 끊임없이 감시하고, 비판하고, 격려해야 할 의무가 당신들에게는 있다. 좋아지지는 않더라도 최소한 나빠지지는 않아야 한다.

　우선 민주당과 진보 진영에서는 왜 검찰 개혁에 그렇게 목을 매는 것일까? 검찰을 권력의 시녀로 만들어 정권 마음대로 이용하려고 그러는 것일까? 그런 의도였다면 민주당이 영원히 정권을 빼앗기지 않는다는 보장이 없는 한 모순되는 얘기 아닐까? 아니면 검찰을 무력화하여 문재인과 이재명의 비리나 범죄를 덮으려고 그러는 것일까? 그건 이미 정권이 당신들에게 넘어간 상태이므로 불가능한 얘기다. 당신들이 지지했던 윤석열 당선인을 한번 살펴보기로 하자. 윤석열 당선인의 부인 김건희 씨는 현재 도이치모터스 주가조작 혐의로 검찰의 수사를 받고 있다. 그러나 10여 년 전에 이미 경찰 수사에서 혐의가 인정되어, 그 수사기록이 검찰로 이첩되었는데도, 검찰은 아무런 조사도 기소도 하지 않았다. 그러다가 작년에, 윤석열 검찰총장의 수사지휘권이 배제된 상태에서 재수사에 착수하여 어떻게 되었는가? 그 사건에 연루된 사람들은 모두 처벌을 받아 실형을 선고받았지만, 김건희 씨만 검찰의 소환에도 응하지 않으면서 수사에 협조하지 않고 있다. 또 윤석열 당선인의 장모인 최 모씨는 어떤가? 그는 범죄 혐의가 한두 가지가 아니다. 일반인으로서는 상상도 할 수 없는 액수인 347억 원의 은행 잔고증명서를 위조했고, 그걸 이용해 부동산 매입 자금을 마련하여 40억 원의 이득을 취했다. 그러나 이 사건도 최 씨의 동업자만 부당한 옥살이를 했고, 최 씨는 아무런 처벌도 받지 않았다. 그뿐 아니라 파주에 요양병원을 설립하여 무자격자가 영리병원처럼 운영하면서 정부로부터 부당하게 22억 원의 요양급여를 편취했다. 그 사건도 윤석열 당선인이 검사로 있는 동안은 아무런 처벌을 받지 않았는데, 최근에야 1심에서 실형 3년을 선고받고 수감되었다가 보석으로 풀려났고, 2심에서는 무죄 판결을 받았다. 우연인지 몰라도 1심과 달리 무죄를 선고한 2심 재판장인 윤강열 판사는 윤석열 당선인과 사법연수원 동기라고 한다. 또 윤석열 당선인은 어떤가? 대검 중수부 검사인 윤대진의 형인 윤우진 용산세무서장이 독직 사건으로 경찰 조사를 받고 있다는 말을 듣고, 윤우진 씨와 골프도 함께 칠 정도로 막역한 사이였던 윤석열 대검 중수부 검사가 역시 대검 중수부 검사 출신인 후배 이남석 변호사를 소개해주었다. 뿐만 아니라 현직 세무서장인 윤우진은 수사를 받는 도중에 해외로 도피했다가 인터폴 수배를 통해 강제 송환되었는데도, 검찰은 경찰이 신청한 체포영장조차도 발부해주지 않아 처벌하지 못하다가, 사건이 검찰로 송치된 후에 무혐의 처벌을 받고, 다시 세무서장에 복직하여 정년을 마치는 기상천외한 일이 벌어지기도 했다. 또 2011년 부산저축은행 불법 대출사건 수사 당시, '대장동 사건'의 주범 중 한 명인 남욱 변호사가 1,100억 원의 불법 대출을 받아 수사대상이었고, 당시 사건 수사의 주임검사는 대검 중수2과장인 윤석열이었다. 그런데 김만배의 소개로, 남욱이 대검 중수부에서 윤석열과 함께 근무했던 박영수 변호사를 선임한 결과 남욱은 아무런 처벌도 받지 않았다.

이런 일련의 사건들이 말해주는 것은 무엇인가? 만약 당신들이 이런 사건들에 연루되었다면 아무런 처벌도 받지 않고 저렇게 버젓이 사회생활을 할 수 있었겠는가? 이러한 사건들에 윤석열 검사가 없었다면 그게 가능했을까? 이는 바로 검찰의 무소불위 권력이 악용되었을 때 법치주의가 어떻게 망가질 수 있는지를 말해주는 것이다. 윤석열 당선인이 대선 출마 선언에서 밝힌 일성이 "공정과 상식" "헌법정신"이었는데, 이게 공정과 상식인가? 이게 헌법정신인가? 진보 진영에서 검찰 개혁을 주장하는 이유가 바로 여기에 있는 것이다. 이렇게 부당한 법 집행 관행이 만연한 검찰의 권한을 경찰 등으로 분산시켜 서로 견제하게 함으로써, 공정한 법 집행을 실현하자는 한 가지 목적 때문이라는 것을 알았으면 한다. 윤석열 당선인은 문재인 정부가 추진했던 검찰 개혁 조치들을 되돌려놓겠다고 공언했는데, 여러분은 이에 대해 어떻게 하는 것이 옳은 길인지 한번 생각해주기 바란다.

둘째, 왜 진보는 언론 개혁을 주장하는가? 먼저 언론의 역할은 무엇인가? 정부에는 삼권 분립이 있다. 즉 입법부, 사법부, 행정부가 역할을 분담하여 서로 견제하게 함으로써 민주주의가 제대로 작동하게 하자는 목적 아니겠는가? 언론은 다시 이들 세 개의 권력이 과연 국민을 위해 제대로 일을 하는지, 부정하게 국민의 세금을 빼돌리지는 않는지 등을 감시하는 역할을 해야 하는 "제4의 부서"이다. 그런데 지금까지 우리나라의 주요 언론은 이런 본연의 역할에는 소홀하고, 오히려 권력과 결탁하여 국민의 세금을 지원받고, 특혜를 받아 회사를 키우고, 사주가 재산을 증식하는 수단으로 악용되고 있기 때문에, 이를 개혁하여 언론 본연의 역할을 하게 만들자는 것이이 언론 개혁의 취지이다. 언론이 권력과 결탁하면, 결국 손해를 보는 것은 진보 보수를 막론하고 모든 국민이라는 것을 생각하기 바란다.

셋째, 진보는 북한에 대해 경제 교류도 하고, 인도적 지원도 하고, 최대한 인내하면서 가능하면 대화를 통해 핵 문제 등을 해결하자고 주장한다. 그러나 보수는 북한은 대화가 아니라, 굴복할 때까지 압박을 가하여, 스스로 핵을 포기하게 만들자고 주장한다. 그게 가능할까? 보수의 주장에 따라 그들을 압박한다면 그들이 스스로 핵을 포기하고 항복할까? 그렇게 된다 하더라도 그게 몇 년 내에 가능할까? 절대 불가능하다. 그 과정이 10년, 20년 길어지면서, 남북 간에는 갈수록 긴장이 고조될 것이고, 그렇게 되면 우리 경제가 어떻게 될지는 뻔하지 않은가?

그것보다는 미국을 설득하여 남북이 평화협정을 체결하고, 북한과 미국이 국교를 맺게 하여, 북한도 미국이 자신들을 공격할 염려를 하지 않게 만들어주고 핵을 포기하게 하는 것이 좋지 않을까?

북한 주민에 대한 인도적 지원마저, 그걸 퍼주기라고 주장하는 것은 같은 민족으로서 부끄러운 일 아닐까? 우리가 그들보다 경제 규모도 비교할 수 없을 정도로 거대하니, 우리에게 남아도는 식량도 원조하고, 의약품도 원조하는 것 정도는 같은 민족끼리 도우면서 산다고 생각하면 안 될까?

당신들 중에 재산이 적어도 몇억 원 정도라도 있어, 정부가 제공하는 복지 혜택 없이도 평생 살 수 있는 사람이 아닌데도, '내가 어느 지역 출신이니까', 혹은 '빨갱이는 싫으니까'라는 편견에 사로잡혀, 묻지도 따지지도 않고 보수만 일방적으로 지지하는 것은 당신 자신을 위해서도, 나라 전체를 위해서도 결코 바람직하지 않다는 것을 생각해주기 바란다. 그렇게 해서 탄생한 권력은 부패하기 마련이고, 그들을 찍어준 당신들을 우습게 여길 것이기 때문이다. 지지하더라도, 도대체 그 당이, 그 후보가 무슨 공약을 내놓았는지, 능력은 있는지, 정직한지 정도는 한번 따져보기 바란다. 이명박, 박근혜 정권이 왜 그렇게 부패하고 타락했을까? 바로 당신들이 무조건 지지하여 뽑아주었고, 뽑아준 뒤에는 무관심한 사이에, 그들이 언론과 검찰과 한통속이 되어 국민의 세금을 빼돌려 개인적으로 착복하고, 최순실에게 청와대를 맡겨놓고 엉뚱한 짓을 하고, 속아서 석유도 나지 않는 해외 유전을 사들여 수백억 달러를 날리고, 재벌에게서 돈 받은 대가로 그들의 비리 덮어주었기 때문이다. 다음 윤석열 정부에서도 그런 일이 벌어질 가능성이 매우 높아 보인다. 바로 당신들이 뽑았으니, 당신들이 그러지 않도록 철저히 감시하고 견제하지 않으면 안 된다는 것을 명심하기 바란다. 진보 정권에서는 적어도 그런 터무니없는 일은 벌어지지는 않지 않았는가?

이재명에 대해서도 한마디만 하겠다. 그 전에 김대중 · 노무현 두 전직 대통령에 대한 이야기부터 하는 게 좋을 것 같다. 1971년의 제7대 대선에서 김대중은 박정희와 대결하여 근소한 차이로 패배했다. 박정희 정권의 부정선거만 없었다면 김대중이 이긴 선거였다. 박정희는 그때부터 김대중을 영원히 제거하기 위해 온갖 술책을 다 사용했다. 빨갱이 프레임을 씌워 국민에게 그를 공산주의자라고 속였고, 심지어 도쿄에서 납치하여 동해에 수장시키려 했으나 미국의 도움으로 구사일생으로 살아 돌아왔다. 그 후로도 끊임없이 그를 괴롭히자, 김대중은 일본으로 미국으로 망명 생활을 해야 했다. 전두환 정권은 그에게 광주민주화운동을 배후 조종하여 내란을 꾀했다는 누명을 씌워 사형을 선고했다. 차마 죽이지는 못하고 미국으로 망명하는 조건으로 사면했지만, 그런 가시밭길을 걷던 김대중은 1998년에 마침내 대통령에 취임하여 우리나라의 IMF 사태를 조기에 극복하고, IT 선진국을 만들고, 남북 화해의 기초를 만들지 않았던가. 그런 그를 당신들은 보수 정권과 언론에 속아 공산주의자로 몰아 얼마나 괴롭혔는가. 노무현 대통령에 대해서는 또 어떻게 했는가? 검찰이 이른바 "논두렁 시계" 루머를 조작하여 퍼뜨리고, 망신을 주어 그를 죽음으로 몰지 않았는가? 그렇게 죽고 나자, 보수 정치인들도 노무현을 훌륭한 대통령이었다며 추모하지 않는가? 윤석열 당선인도 후보 시절에 봉하마을의 노무현의 묘소에 가서 참배하고, "노무현 정신"을 말하지 않았던가? 이재명에 대해서도 마찬가지다. 정치적으로 지지하지 않는 것은 좋은데, 좀 냉철하게 이성적으로 판단하여 사실 여부를 구분하면서 비판하기를 바란다.

당신들이 두려워해야 할 대상은 진보가 아니다. 당신들이 진정 두려워해야 할 대상은 바로 당신들이 묻지마 지지하여 뽑아준 보수임을 알기 바란다. 인간의 얼굴을 한 윤석열 정권을 당신들이 출범시켰지만, 당신들이 감시를 게을리하고 무조건 지지를 보내는 순간 그들은 인간의 얼굴을 한 괴물이 되어, 그들을 뽑아준 당신들까지 잡아먹을 것이다. 그런 비극을 막기 위해서는 당신들이 뽑았으니 당신들이 항상 감시하고 비판하는 자세를 잃지 말아야한다.

그리고 마지막으로 한 가지만 더 부탁하고자 한다. 보수는 원래 품격이 있다고 들었다. 그런데 최근 몇 년간 보면, 품위라고는 1도 찾아볼 수 없는 저질 인간들이 보수를 자처하면서 시위 문화를 더럽히고 있다. 민주 진보 시민들이 집회를 하면, 바로 옆에서 스피커 볼륨을 최대로 높인 채, 차마 입에 담기 어려운 욕설을 내뱉으며 시위를 방해하고 있다. 당신들도 어린아이를 키우는 사람이 많이 있을 텐데, 그 아이들이 그 욕설을 듣는다면 어떤 생각을 하겠는가? 바로 당신들이 보수를 표방하면서 그렇게 저질스러운 짓을 하는 자들의 잘못된 행동에 대해 비판하고 제지해야 한다. 그게 보수가 더 발전하는 길이다. 당신들이 깨어 있는 보수가 되길 진정으로 바란다.

그냥 두서없이 생각나는 대로 적었는데, 받아들이고 말고는 당신들이 판단할 문제이다.

|후 기| 글을 **마치며**

20여 일 동안 담벼락에 대고 고함을 지르는 심정으로, 시간이 날 때마다 키보드를 두드렸다. 저녁에 일을 마치고 새벽에 들어와 간단하게 씻고 식사를 마치면, 서서히 졸리기 시작한다. 그래도 밤에 일하는 동안에 생각났던 사실들을 잠시나마 인터넷으로 검색하여 팩트를 확인한 다음, 간략하게 정리해두고 잠자리에 든다. 오후 1~2시경에 일어나 늦은 아침 식사를 마치고 나서, 내가 돌보는 길고양이들에게 밥 배달을 하고 나면 3~4시쯤 된다. 그러면 다시 저녁에 일 나갈 때까지 3~4시간쯤 컴퓨터 자판을 두드렸다. 일요일에는 온종일 이 일에 매달렸다. 이렇게 20여 일 정도 마음도 추스를 겸, 분노도 삭일 겸, 겸사겸사 지난 1년여 동안의 일들을 정리해보았다.

그러고 나니 점차 포기하는 심정이 든다. '꼴도 보기 싫은 대통령이지만, 5년 동안 전혀 안 보고 살 수는 없지 않은가?'라는 자포자기 심정이 드는 것은, 내가 윤석열에게 굴복당하고 있는 것 같아 매우 불쾌하지만, 또 그렇게 포기할 건 포기하고 살아야 하는 게 나 같은 소시민의 인생이 아닌가 싶다. 그걸 받아들일 마음의 자세가 만들어지고 있다는 것은 또한 내가 이 어쭙잖을 글을 쓴 효과가 있다는 뜻이기도 할 것이다.

이 글에서 각 후보들의 공약에 대해서는 별로 언급하지 않았다. 그 이유는, 나는 사실 우리나라 선거에서 후보들의 공약이 승패를 좌우하는 경우는 매우 적다고 생각한다. 이번 선거는 특히 더 그랬다고 생각한다. 그게 하나의 이유이고, 다른 하나는 내가 후보들의 수많은 공약을 꼼꼼히 파악하여 분석할 능력이 안 되기 때문이다.

아무튼 글을 마무리하려고 하니, 이것저것 자꾸 생각나는 일들이 많이 있고, 하고 싶은 말도 많이 떠오르는데, 이제 나에게는 이 일에 시간을 소모할 에너지가 더 이상 없다. 생업에 매진해야 하기 때문이다. 생전 처음으로 이렇게 긴 글을 써보니, 글을 잘 쓰는 사람들에 대해 존경스러운 마음이 든다.

혹시라도 이 글을 읽고 나서 '뭐 이리 허접한 글이 있어?'라고 후회하는 분이 계신다면, 이 글은 정치 전문가의 글이 아니고, 그저 "깨어 있는 시민"이 되려고 노력하는 평범한 시민이 쓴 글임을 감안하여 너그러이 양해해주시기 바란다. 대신 어떠한 비판도 기꺼이 받을 준비는 되어 있지만, 가능하면 건강한 비판이 있었으면 하는 바람이다.

5년 후에는 정말 대통령다운 대통령, 세계 어느 나라에 내놓아도 부끄럽지 않은 영부인이 탄생하기를 간절히 기원하면서 마친다.

2022년 4월 초순
글쓴이 이 동 호